Guy Simard

Dieu ma joie

Guy Simard

Dieu ma joie

Blogue de l'auteur sur différents aspects de la vie chrétienne

Éditions Croix du Salut

Impressum / Mentions légales
Bibliografische Information der Deutschen Nationalbibliothek: Die Deutsche Nationalbibliothek verzeichnet diese Publikation in der Deutschen Nationalbibliografie; detaillierte bibliografische Daten sind im Internet über http://dnb.d-nb.de abrufbar.
Alle in diesem Buch genannten Marken und Produktnamen unterliegen warenzeichen-, marken- oder patentrechtlichem Schutz bzw. sind Warenzeichen oder eingetragene Warenzeichen der jeweiligen Inhaber. Die Wiedergabe von Marken, Produktnamen, Gebrauchsnamen, Handelsnamen, Warenbezeichnungen u.s.w. in diesem Werk berechtigt auch ohne besondere Kennzeichnung nicht zu der Annahme, dass solche Namen im Sinne der Warenzeichen- und Markenschutzgesetzgebung als frei zu betrachten wären und daher von jedermann benutzt werden dürften.

Information bibliographique publiée par la Deutsche Nationalbibliothek: La Deutsche Nationalbibliothek inscrit cette publication à la Deutsche Nationalbibliografie; des données bibliographiques détaillées sont disponibles sur internet à l'adresse http://dnb.d-nb.de.
Toutes marques et noms de produits mentionnés dans ce livre demeurent sous la protection des marques, des marques déposées et des brevets, et sont des marques ou des marques déposées de leurs détenteurs respectifs. L'utilisation des marques, noms de produits, noms communs, noms commerciaux, descriptions de produits, etc, même sans qu'ils soient mentionnés de façon particulière dans ce livre ne signifie en aucune façon que ces noms peuvent être utilisés sans restriction à l'égard de la législation pour la protection des marques et des marques déposées et pourraient donc être utilisés par quiconque.

Coverbild / Photo de couverture: www.ingimage.com

Verlag / Editeur:
Éditions Croix du Salut
ist ein Imprint der / est une marque déposée de
AV Akademikerverlag GmbH & Co. KG
Heinrich-Böcking-Str. 6-8, 66121 Saarbrücken, Deutschland / Allemagne
Email: info@editions-croix.com

Herstellung: siehe letzte Seite /
Impression: voir la dernière page
ISBN: 978-3-8416-9844-5

Copyright / Droit d'auteur © 2013 AV Akademikerverlag GmbH & Co. KG
Alle Rechte vorbehalten. / Tous droits réservés. Saarbrücken 2013

1) Dimanche 12 juin 2011
Merci Mathieu !

Les premières personnes que je veux remercier sont les Personnes divines: le Père, le Fils et l'Esprit Saint. C'est à eux que je dois la vie, l'existence et l'être. L'autre personne que je veux remercier ce soir, c'est mon bon ami Mathieu Binette. C'est à cause de lui et grâce à lui que j'ai un blogue. La journée pour créer ce blogue est assez extraordinaire: c'est la Solennité de la Pentecôte 2011 et cela fait 28 ans aujourd'hui que j'ai été ordonné prêtre par le pape Jean-Paul II à Rome, en la basilique Saint-Pierre. Je confie ce blogue à l'Esprit-Saint et à la Très Sainte Vierge Marie. Puisse ce moyen de communication sociale aider mes frères et soeurs à découvrir la source de la vraie joie sur cette terre comme au ciel et à en vivre. Et si un jour on leur demande de témoigner du bonheur qui les habite, ils pourront répondre : « C'est **Dieu ma joie !**».

2) Samedi 18 juin 2011
Le désir le plus profond

J'ai finalement le temps d'écrire un premier texte pour mon blogue. La première chose qu'il faut trouver au moment de partir un blogue, c'est son nom. Quel nom vais-je lui donner? Cette question a été très facilement résolue dans mon cas. Sans aucune hésitation, j'ai donné à mon blogue le nom suivant : *Dieu ma joie*. J'ai choisi ce nom en raison d'une expérience spirituelle que j'ai vécue le 31 janvier 1994. Cette expérience spirituelle avait été préparée par une gestation de neuf mois, le temps d'une grossesse quoi. Vers le mois d'avril 1993, j'ai participé à une journée de formation sur les *Exercices spirituels de saint Ignace* (ces *Exercices spirituels* sont une forme de retraite, de ressourcement spirituel qui suit un plan précis). Lors de cette journée, Sœur Gertrude Dumouchel, religieuse des Sœurs de l'Assomption de Nicolet, qui a été pendant plusieurs années la supérieure générale de sa Congrégation, est venue nous parler durant environ vingt minutes de « *l'élection* » dans les exercices spirituels de saint Ignace. Ces vingt minutes ont été pour moi une véritable révélation. Sœur Dumouchel nous a fait comprendre que le moment de l'élection dans les *Exercices spirituels*, avait pour but de nous aider à découvrir le « **désir le plus profond** » qui est inscrit au fond de notre cœur. Elle nous a dit que ce sont des Pères Jésuites Belges qui ont trouvé et adopté cette expression : *le désir le plus profond*. Selon eux, chaque être humain a un désir au fond de son cœur qui l'emporte sur tous ses autres désirs. Chaque être humain a un désir fondamental.

J'ai été très touché par l'enseignement de Sœur Dumouchel. Je lui ai fait part de mon émerveillement suite à ce qu'elle venait de nous partager. Je lui ai dit aussi que je craignais de ne jamais découvrir mon « *désir le plus profond* ». C'est alors que Sœur Dumouchel m'a dit cette phrase admirable : « *Il est bon de savoir que l'on reçoit cette révélation comme un don, comme un cadeau. Le fait de connaître un jour notre désir le plus profond, n'est pas tellement le fruit de notre labeur et de notre recherche; nous le recevons souvent comme un grand cadeau, comme une grâce.* »

Cette religieuse ne pouvait pas mieux dire. C'est exactement ce qui s'est produit dans mon cas, comme je le raconterai dans un instant. Au terme de notre entretien, j'ai dit à Sœur Dumouchel : « *Peut-être que j'aurai l'occasion de découvrir mon désir le plus profond l'an prochain car je prendrai une année sabbatique. J'irai vivre une année au Centre de spiritualité Manrèse, à Québec, où l'on donne de la formation sur les Exercices spirituels de saint Ignace. Durant cette année, nous aurons même l'occasion de vivre le mois ignatien (les Exercices spirituels en retraite fermée durant un mois).* » Tel fut le court entretien que j'ai eu avec Sœur Dumouchel ce jour-là.

Un mot sur l'élection : le mot élection nous est familier surtout à cause de la politique. Il nous arrive à tous les quatre ans environ, d'élire nos représentants politiques. Le mot élection fait alors allusion à notre rôle à nous, en tant que citoyens. C'est nous qui élisons des gens, qui choisissons nos représentants politiques. Le mot élection est alors synonyme de « choix ». Mais dans le domaine spirituel, il en va tout autrement : l'élection vient de Dieu; c'est Dieu qui nous choisit, comme le dit si bien Jésus : « *Ce n'est pas vous qui m'avez choisi; c'est Moi qui vous ai choisis et qui vous ai établis, afin que vous alliez, que vous portiez du fruit, et que votre fruit demeure.* » (Jn 15, 16). C'est aussi ce que nous rappelle saint Paul au début de sa lettre aux Éphésiens : « *Béni soit Dieu, le Père de notre Seigneur Jésus-Christ, qui nous a bénis dans le Christ de toutes sortes de bénédictions spirituelles dans les cieux!* **C'est en Lui qu'Il nous a choisis dès avant la création du monde**, *pour que nous soyons saints et irrépréhensibles devant lui, dans l'amour.* » (Éphésiens 1, 3-4) Voilà une vérité qu'il nous est bon de méditer : Dieu nous aime, Dieu nous connaît avant même qu'Il ait créé le monde. Nous sommes dans le cœur de Dieu de toute éternité. De toute éternité Dieu m'aime, Dieu m'a choisi, Dieu m'a élu. En m'aimant, en me choisissant, en faisant de moi l'objet de son élection, Dieu m'a aussi donné un nom connu de Lui seul. Nos parents nous ont donné un nom à notre naissance; mais Dieu nous a nommés bien avant cela. Dieu m'a nommé de toute éternité. Dieu a prononcé le nom par lequel Il me connaît et me différencie de tous les autres êtres humains. Nous avons une indication de cela dans les évangiles lorsque Jésus dit à Simon que désormais il ne s'appellera plus Simon mais Pierre. L'homme Simon est de toute éternité aux yeux de Dieu l'apôtre Pierre qui sera le roc inébranlable sur lequel se fondera notre foi au Christ. Dans la Bible, Dieu nous dit souvent qu'Il nous connaît par notre nom : « *Je t'ai appelé par ton nom.* » (1) Le Bon Pasteur connaît ses brebis une à une et les appelle chacune par son nom (Jn 10, 3). Au ciel, Il nous donnera un nom nouveau connu de Lui seul (2). Ce nom nouveau n'est pas si nouveau car il habite le cœur de Dieu de toute éternité. Et c'est ce nom que l'on appelle « *la vocation personnelle du croyant* » ou encore « *l'élection fondamentale* », ou selon certains Père Jésuites belges : « *le désir le plus profond* ». Or il nous est possible, de notre vivant, de découvrir ce nom. C'est ce qui m'est arrivé le 31 janvier 1994, neuf mois après avoir entendu Sœur Dumouchel parler de l'élection ignatienne.

Après ma première rencontre avec Sœur Gertrude Dumouchel, je n'avais qu'une seule aspiration : connaître et découvrir « *mon désir le plus profond* ». Les mois ont passé sans que je ne cherche vraiment à connaître mon désir le plus profond. J'avais mis mon espoir dans l'année sabbatique qui allait commencer en septembre. En septembre 1993, je me suis donc rendu à Québec pour une année de formation sur les *Exercices spirituels de saint Ignace*, au *Centre de Spiritualité Manrèse*. Le premier semestre fut très intéressant. Les vacances de Noël sont arrivées. Nous savions qu'au retour des vacances du temps des fêtes, nous allions vivre le mois ignatien, c'est-à-dire une retraite fermée en silence et dans la prière pour vivre l'expérience décrite par saint Ignace dans ses *Exercices spirituels*. La retraite commença à la mi-janvier. Le moment prévu pour la découverte de notre « *élection* » était prévu pour la fin du mois de janvier. Les deux derniers jours du mois de janvier ont été consacrés à cette fin. Depuis des mois, je ne me tracassais plus la tête pour connaître mon « *nom divin* ». J'avais abandonné cela dans les mains du Seigneur. Or, le 31 janvier 1994, j'ai reçu ce « *nom* » comme un grand cadeau, sans aucun effort et dans l'émerveillement. Ce matin là, alors que j'étais encore au lit mais tout à fait réveillé, j'ai éprouvé une grande joie en pensant précisément à la joie. J'ai d'abord pensé à la première parole que l'ange Gabriel a adressée à la Vierge Marie le jour de l'Annonciation : « *Kairé* ». Ce mot grec est souvent traduit par : « *Réjouis-toi* ». Il me semblait que l'archange Gabriel m'adressait la même parole : « *Réjouis-toi, Guy.* » Toujours dans mon lit me sont venues aussi à l'esprit les paroles de saint Paul dans sa lettre aux Philippiens : « *Réjouissez-vous dans le Seigneur. Laissez-moi vous le redire :* « *Réjouissez-vous.* » (Philippiens 4,4). Ce matin-là, je me suis vraiment réveillé dans la joie, sous la mouvance de la joie. En revenant de déjeuner, mes yeux se sont posés sur la grande image du calendrier que j'avais dans ma chambre. Nous étions rendus au dernier jour du mois et je n'avais encore jamais porté attention à cette image. Or l'image représentait l'archange Gabriel au moment de l'Annonciation, tel que peint par Fra Angelico. Sur l'image, on ne voyait que l'Archange Gabriel. En voyant la reproduction de cette peinture, j'ai eu la nette impression que l'archange Gabriel me redisait les mots qu'il a dits un jour à Marie : « *Kairé ; Réjouis-toi !* ». Comme il était étrange que je vive cette expérience ce jour-là ! Le lendemain, la page du calendrier serait tournée. Ce 31 janvier 1994 fut donc vécu sous le signe de la joie. Il me semblait de plus en plus évident que mon nom venant de Dieu avait rapport à la joie.

Durant la retraite, nous vivions l'eucharistie tous les jours à 16 heures. Ce jour-là, je me souviens d'avoir dit à Dieu : « *Seigneur, il me semble bien que je viens de découvrir quelle est mon élection fondamentale, mon désir le plus profond. Mais j'aimerais avoir une dernière confirmation de ce fait. Si jamais les lectures de la messe avaient manifestement rapport avec la joie, je serais convaincu de mon intuition et de mon don* ». Au moment de me préparer à la messe, je prends mon <u>*Prions en Église*</u> (*ce petit livret fait à chaque mois par les Éditions Novalis pour nous partager la Parole de Dieu de chaque jour à la messe*). Je commence par regarder l'évangile du jour. Or cet évangile n'avait absolument aucun rapport avec la joie. J'ai alors réalisé que les responsables du *Prions en Église* avaient décidé ce jour-là de mettre les lectures du saint du jour : *saint Jean Bosco*. Normalement lors des mémoires des saints, l'Église préfère opter pour la lecture continue de la Parole de

Dieu qu'on lit en Église à ce moment-là. Nous ne devrions pas prendre les lectures propres du saint du jour. Or les dirigeants du *Prions en Église* avaient fait cette année-là un autre choix : ils avaient décidé de mettre les lectures propres à saint Jean Bosco. Voyant que l'évangile n'avait aucun lien avec la joie, je me suis exclamé : « *Ah non* ! Le <u>*Prions en Église*</u> *n'a pas opté pour la lecture continue de la Parole de Dieu.* » J'ai alors regardé la page précédente pour voir quelle était la première lecture de ce jour. Mes yeux sont alors tombés sur les premiers mots de la première lecture de la fête de saint Jean Bosco : « *Réjouissez-vous dans le Seigneur. Laissez-moi vous le redire : réjouissez-vous.* » (Phil 4, 4). Je n'en revenais tout simplement pas. Comme Dieu est bon ! Pour me confirmer dans mon élection, le bon Dieu avait permis cette erreur liturgique (ou plutôt cette « *divergence liturgique* ») de la part du *Prions en Église*. À chaque année, quand arrive le 31 janvier, je regarde les lectures que le *Prions en Église* propose; or jamais depuis le 31 janvier 1994, à ma connaissance, il est arrivé à nouveau que le <u>*Prions*</u> choisisse les lectures propres à la fête du jour : la fête de saint Jean Bosco. Une fois de plus, j'ai eu la preuve que Dieu agit envers chacun de nous comme si nous étions seuls sur cette terre ou seuls au monde. Toute l'attention de Dieu se porte continuellement et exclusivement, en un sens, sur chacun de ses enfants. Il est vrai que Dieu prend soin de tous; mais sa façon de prendre soin de tous est de veiller sur chacun de ses enfants comme sur son fils ou sa fille unique. Oui, uniques nous le sommes aux yeux de Dieu; et, espérons-le, à nos propres yeux et aux yeux des autres !

Voilà ! Vous savez maintenant pourquoi mon blog porte le nom suivant : « **Dieu ma joie.** » Il est vraiment curieux que je n'aie pas découvert auparavant mon élection fondamentale. Durant plusieurs années, depuis mon ordination sacerdotale, j'ai prêché des retraites aux religieuses et religieux. Ma retraite avait un sujet unique; elle avait pour titre : « **Soyez les témoins de ma joie** ». Évidemment, lorsque dans le cas présent je disais « *ma joie* », il ne s'agissait pas de la joie de Guy Simard; j'imaginais alors que Jésus lui-même nous disait d'être les témoins de sa joie. J'imagine que l'on ne parle bien que de ce que l'on connaît et de ce que l'on est. D'ailleurs, lorsque j'étais jeune prêtre, j'ai lu un jour la magnifique lettre du pape Paul VI sur *la joie chrétienne*. Cette lettre écrite en 1975, lors d'une année jubilaire, a été une véritable révélation pour moi. C'est cette lettre qui a été le premier déclencheur de la découverte de mon désir le plus profond, même si à l'époque je ne connaissais absolument rien d'une telle terminologie. Et il est très intéressant de noter que le pape Paul VI dans cette lettre, en nommant quelques uns des saints les plus joyeux de l'histoire de l'Église, mentionne saint Jean Bosco.

Si ce sujet vous intéresse, je vous conseille la lecture du petit lire du Père Herbert Alphonso, s.j., qui porte exclusivement sur ce thème : *Tu m'as appelé par mon nom. La vocation personnelle du croyant*, Éditons Saint-Paul, Paris, 1993. Le Père Alphonso a été pendant de nombreuses années le directeur du Centre ignatien à Rome. J'ai eu la chance de rencontrer ce Père à quelques reprises. C'est un homme charmant et très spirituel. Dans son livre, il témoigne du fait que la découverte de son

« *nom* », de sa « *vocation personnelle* » a été un point tournant dans sa vie et a opéré en lui une transformation radicale dont il vit depuis à chaque jour. Je vous souhaite à tous de découvrir un jour votre « *désir le plus profond* ». Je suis toutefois persuadé que même si vous ne preniez jamais conscience de votre désir le plus profond, vous en vivez et vous en témoignez à chaque jour.

(1) « *Ne crains pas, car je t'ai racheté, je t'ai appelé par ton nom : tu es à moi.* » (Isaïe 43, 1)

(2) « *A celui qui vaincra je donnerai de la manne cachée, et je lui donnerai un caillou blanc; et sur ce caillou est écrit un nom nouveau, que personne ne connaît, si ce n'est celui qui le reçoit.* » (Apocalypse 2, 17)

3) Dimanche 19 juin 2011
La Très Sainte Trinité

Hier, j'ai commencé à écrire sur mon blogue. Je vous ai partagé une expérience spirituelle qui a été très importante dans ma vie. Et aujourd'hui, nous fêtons notre Dieu. Comment passer sous silence la fête de notre Dieu? De cela, je me sens heureusement incapable. En ce temps-ci de l'année, nous vivons la fête des mères et la fête des pères. Aujourd'hui, c'est la fête des pères. Il semble donc que le temps de l'année que nous vivons en ce moment, soit propice pour fêter les gens que nous aimons le plus. Or, les Personnes que nous devrions aimer le plus sont très certainement le Père, le Fils et le l'Esprit-Saint. Nous sommes tellement habitués de prier au nom du Père, du Fils et de l'Esprit, que nous ne prenons pas toujours conscience du don et du privilège extraordinaires qui nous sont faits de croire au vrai Dieu et de pouvoir entrer en relation avec lui.

Quelle grâce que de croire au Père, au Fils et à l'Esprit ! La solennité d'aujourd'hui, la solennité de la Trinité, nous rappelle que Dieu est Amour. *Dieu est Amour et l'Amour est Dieu*. De toute éternité il y a des Personnes qui s'aiment infiniment. Le Père aime infiniment le Fils et le Fils aime infiniment le Père. Et cet amour est si fort et si consistant qu'il engendre éternellement, pour ainsi dire, une autre Personne : l'Esprit Saint. Si Dieu, par impossible, était une Personne unique, je suis loin d'être sûr que je serais intéressé à le connaître. Mais cela est tout simplement impossible, précisément parce que Dieu est Amour. Or l'amour suppose et présuppose « *l'altérité* ». Il faut qu'en dehors de moi, il y ait une autre personne, pour pouvoir aimer véritablement. Or les trois Personnes divines s'aiment infiniment de toute éternité.

On peut légitimement se demander ce qui a bien pu pousser Dieu à créer des personnes à son image puisque de toute éternité, rien ne manquait à son bonheur. La seule raison valable, c'est l'amour. Dieu a voulu que nous partagions son bonheur, le bonheur d'être aimé infiniment. Une des phrases les plus fortes de tout l'évangile, se trouve en saint Jean : le dernier repas que Jésus a pris avec ses disciples, repas communément appelé la *Dernière Cène*, se termine par la prière dite sacerdotale.

Jésus après avoir longuement laissé ses dernières volontés à ses amis, entre en relation avec son Père et fait une prière extraordinaire pour nous ses disciples. La dernière phrase de cette prière est peut-être la phrase la plus extraordinaire de tout l'évangile : « *Père, je leur ai fait connaître ton nom, et je leur ferai connaître,* **afin que l'amour dont tu m'as aimé soit en eux***, et que je sois en eux.* » (Jn 17, 26) N'est-il pas extraordinaire de savoir que nous sommes aimés de notre Père du ciel du même amour dont Il aime son Fils de toute éternité. Et saint Paul nous apprend que tout cela est dû à l'action de l'Esprit Saint en nous : « *L'amour de Dieu a été répandu en nos cœurs par le Saint-Esprit qui nous a été donné.* » (Rom 5,5) C'est peut-être pour cela que nous fêtons la très Sainte Trinité le dimanche qui suit la solennité de la Pentecôte. Traditionnellement, nous appelons « *Fête Dieu* » la solennité que nous vivrons dans quelques jours : la solennité du Corps et du Sang de Jésus. Mais à mon sens, c'est aujourd'hui la véritable *Fête Dieu*. Nous fêtons en ce jour, notre Dieu: le Père, le Fils et l'Esprit-Saint.

4) Mercredi 22 juin 2011
Le prêtre et les sacrements

Dans le préambule du document du Concile Vatican II sur le ministère et la vie des prêtres, intitulé « *Presbyterorum Ordinis* », il est dit ceci :

« Plusieurs fois déjà, ce saint Concile a rappelé à tous l'importance de l'Ordre des prêtres dans l'Église. Cet Ordre joue, dans la rénovation de l'Église du Christ, un rôle essentiel, mais aussi de plus en plus difficile : … Par la sainte ordination et la mission reçues des évêques, les prêtres sont promus au service du Christ Docteur, Prêtre et Roi. »

Et au chapitre 2, intitulé : *Le ministère des prêtres*, il est dit ceci :

« Le Peuple de Dieu est rassemblé d'abord par la Parole du Dieu vivant qu'il convient d'attendre tout spécialement de la bouche des prêtres. En effet, nul ne peut être sauvé sans avoir d'abord cru; les prêtres, comme coopérateurs des évêques, ont pour premier devoir d'annoncer l'Évangile à tous les hommes; ils exécutent ainsi l'ordre du Seigneur : « *Allez par le monde entier, prêchez l'Évangile à toute la création* » (*Mc* 16, 15), et ainsi ils constituent et font grandir le Peuple de Dieu. »

Il ne faut pas se surprendre de cela car c'est ce que Jésus a fait en tout premier lieu et durant la plus grande partie de son ministère public: Il a prêché la Parole de Dieu.

Les sacrements en général :
Ce qui m'impressionne le plus lorsque je considère les sacrements institués par notre bien-aimé Sauveur Jésus le Christ, c'est ceci : ils sont si simples et si profonds. Un peu d'eau, un peu d'huile, un morceau de pain non fermenté, une main tendue, accompagné d'une parole toute simple et très courte. Lorsque je considère cela, je me dis : oui, tel est bien notre Dieu, le Dieu révélé par Jésus : un Dieu si simple et si

profond. Il n'y a rien de compliqué en Dieu. Dieu n'aime pas les choses compliquées. Nous les humains, nous n'aimons pas non plus les choses compliquées, mais pourtant nous semblons aimer compliquer les choses.

Les sacrements sont les gestes et les paroles les plus puissantes qu'il y ait sur cette terre. Chaque sacrement produit un miracle; rien de moins. Si l'homme avait inventé de tels moyens, des moyens si puissants, il aurait probablement accompagné ces gestes d'éléments grandioses. L'être humain se serait dit : tant qu'à faire des choses aussi puissantes et étonnantes, autant faire les choses de façon étonnantes et puissantes. Mettons-y le paquet. Notre Dieu est la première anti-star, le premier pourfendeur du vedettariat ou du « *star système* », qu'il vienne d'Hollywood ou d'ailleurs. Je suis tellement émerveillé que Jésus, avec tous ses pouvoirs étonnants, ait vécu trente ans dans l'anonymat le plus complet et lorsqu'Il a commencé à se révéler au grand jour, il faisait souvent ses miracles en privé pour ne pas que les gens se méprennent sur sa mission de sauveur. La façon dont Jésus enseignait possède les mêmes caractéristiques divines : simplicité et profondeur. Les paroles de Jésus dans l'évangile sont si simples à comprendre, pour la plupart; mais elles sont si profondes qu'on ne finira jamais d'en creuser le sens. Voilà comment Dieu se plaît à se révéler : par la simplicité de sa profondeur. Je n'aurai pas le temps de parler de tous les sacrements. Je ne parlerai que de quatre d'entre eux : le baptême, la réconciliation, l'eucharistie et le mariage.

Le sacrement du baptême :
Le premier de tous les sacrements est le baptême. Je suis toujours impressionné lorsque je baptise, au moment précis où je suis sur le point de mettre de l'eau sur le front des enfants. Lorsque j'ai posé ce geste et que j'ai prononcé les paroles qui sont propres au sacrement du baptême, je dis très souvent aux gens : « *J'ai tellement hâte d'être au ciel pour voir ce qui se passe à l'intérieur de l'enfant lorsque je pose ce geste !* » Car notre foi nous enseigne que la personne qui a reçu le baptême, est changée intérieurement, d'une façon qu'on ne peut même pas imaginer. Son être même est changé. Il s'agit d'un changement ontologique, ce qui veut dire un changement de son être même. L'enfant est divinisé et participe à la nature divine, en Jésus et grâce à Jésus. Cet enfant devient le Christ. C'est cela que veut dire le titre qu'il portera désormais toute sa vie : il est chrétien. Chrétien veut dire Christ. On lui mettra lors du baptême, un vêtement blanc pour signifier qu'il a revêtu le Christ. Quand on dit qu'il a revêtu le Christ, on ne veut pas dire qu'il a revêtu le Christ extérieurement, comme on met un vêtement qu'on pourrait enlever à volonté. Non, on veut dire qu'intérieurement, nous sommes devenus le Christ, participant de ce qu'Il est en lui-même. Jésus est Fils de Dieu par nature; nous, nous sommes fils et filles de Dieu par participation au Christ.

J'aime particulièrement le moment où je mets le saint chrême sur le front de l'enfant pour signifier que lorsque j'ai mis l'eau sur son front, il est devenu « *prêtre, prophète et roi* ». Mais pourquoi est-il devenu si rapidement et si facilement prêtre, prophète et roi ? Parce qu'il a revêtu le Christ. Il est devenu le Christ. Il y a des gens qui sont scandalisés lorsque je dis cela. Tant pis pour eux. Je ne peux répondre à cela que ceci : « *Allez lire les Pères de l'Église, ces premiers docteurs de notre foi. Ils nous disent sans broncher et sans vergogne cette phrase étonnante : **Dieu s'est fait homme pour que l'homme devienne Dieu**.* » J'aurais le goût de dire à ces gens de garder leurs critiques pour le jour où ils rencontreront les Pères de l'Église au ciel. Tout cela ne relève-t-il pas du miracle ? Je comprends qu'on puisse s'en étonner et même s'en scandaliser. Mais saint Pierre nous dit clairement dans sa deuxième lettre que nous sommes « *participants de la nature divine* ». (2 P 1,4)

Le sacrement de la réconciliation

Du sacrement de pénitence au sacrement de la réconciliation
Le sacrement de la réconciliation est un peu l'enfant pauvre parmi les sacrements, ou encore l'enfant mal-aimé. C'est très triste de voir les gens déserter si facilement le recours à ce sacrement. Je vais donc m'attarder plus longuement sur ce sacrement, d'autant plus que notre fondateur, le Père Bruno Lantéri a dit que l'Oblat de la Vierge Marie devrait mourir, idéalement, dans le confessionnal ou en prêchant.
Parlons d'abord de la façon de nommer ce sacrement. Il est beau de voir que l'Église a changé le nom de ce sacrement : il est passé de *« sacrement de la pénitence à sacrement de la réconciliation ».* Les mots sacrements de pénitence faisaient allusion à un seul joueur : le pénitent. C'est le pénitent qui devait faire pénitence, et non pas Dieu. On était consciemment ou inconsciemment invité à mettre l'accent sur nous, à porter notre attention sur notre pauvre personne. Grossière erreur ! Dans le sacrement de la réconciliation, l'accent doit être mis sur Dieu. D'où le changement de nom. Quand je dis « *réconciliation* », je vois tout de suite qu'il y a deux acteurs. Et quiconque connaît bien la Bible, sait très bien que le beau rôle, le grand rôle dans le sacrement de la réconciliation est joué par Dieu. En ce sens, les phrases suivantes de saint Paul sont très belles :

« *Tout vient de Dieu, qui nous a réconciliés avec Lui par le Christ et nous a confié le ministère de la réconciliation. Car c'était Dieu qui dans le Christ se réconciliait le monde, ne tenant plus compte des fautes des hommes, et mettant en nous la parole de la réconciliation. Nous sommes donc en ambassade pour le Christ; c'est comme si Dieu exhortait par nous. Nous vous en supplions au nom du Christ : laissez-vous réconcilier avec Dieu. Celui qui n'avait pas connu le péché, Il l'a fait péché pour nous, afin qu'en lui nous devenions justice de Dieu.* » (2 Cor 5, 18-21)

Ce texte de saint Paul est sûrement un des textes les plus importants en ce qui a trait au sacrement de la réconciliation. En d'autres mots, saint Paul nous dit : « *Laissez-vous faire. Vous n'avez rien d'autre à faire pour vous réconcilier avec Dieu que de vous laisser-faire. Laissez-vous réconcilier avec Dieu. C'est lui qui fait tout.* » On a bien de la misère en Église à accepter cela. On veut toujours faire quelque chose pour mériter notre salut. Si on ne fait rien, on se sent coupable. C'est la grande distinction qu'on essaie de faire ces derniers temps entre « *perfection* » et « *sainteté* ». La perfection, c'est au bout d'un long cheminement et après bien des efforts. La sainteté, c'est tout de suite et maintenant. Est-ce que ça a pris du temps à Zachée pour être sanctifié ? Est-ce que ça a pris du temps au bon larron pour devenir un saint ? Est-ce que ça a pris du temps à Marie-Madeleine pour devenir une des plus grande saintes de l'Église ? Et pourquoi, à nous, ça prendrait du temps? Le plus bel exemple de cela, ce sont les baptêmes d'adultes. Quand un adulte ou une adulte est baptisé(e), elle devient sainte immédiatement. Cela ne veut pas dire que la vie chrétienne ne représente aucun effort. Mais cela veut dire que pour être sanctifié, je n'ai qu'à me présenter devant Dieu avec humilité et repentir. N'est-ce pas que c'est facile, ou que ce devrait être facile?

Compréhension du sacrement :
Pour comprendre le sacrement de la réconciliation, il faut remonter au soir de son institution. Jésus est mort à cause de nos péchés et pour nos péchés le Vendredi Saint, et Il est ressuscité le troisième jour, conformément aux Écritures. Or le premier geste que Jésus a posé, une fois ressuscité, c'est de donner le pouvoir aux Apôtres de pardonner les péchés. Cela est assez extraordinaire, n'est-ce pas? C'est la première chose que Jésus a faite. Voici ce qui est dit dans l'évangile selon saint Jean :

« C'était après la mort de Jésus, le soir du premier jour de la semaine. Les disciples avaient verrouillé les portes du lieu où ils étaient, car ils avaient peur des Juifs. Jésus vint, et il était là au milieu d'eux. Il leur dit : « La paix soit avec vous! » Après cette parole, il leur montra ses mains et son côté. Les disciples furent remplis de joie en voyant le Seigneur. Jésus leur dit de nouveau : « La paix soit avec vous! De même que le Père m'a envoyé, moi aussi, je vous envoie.»
Ayant ainsi parlé, il répandit sur eux son souffle et il leur dit : « Recevez l'Esprit Saint. Tout homme à qui vous remettrez ses péchés, ils lui seront remis ; tout homme à qui vous maintiendrez ses péchés, ils lui seront maintenus. » (Jn 20, 19-23)

Ce qui frappe, en premier lieu lorsque nous écoutons ce passage de saint Jean et que nous l'appliquons au sacrement de la réconciliation, ce sont les paroles de l'institution de ce sacrement : *« Recevez l'Esprit Saint. Tout homme à qui vous remettrez ses péchés, ils lui seront remis ... »* Or je pense, personnellement, qu'il y a beaucoup plus que cela dans ce texte, en rapport avec le sacrement du pardon. Jésus nous indique aussi le plus grand bienfait que nous recevons de ce sacrement et la façon dont nous le recevons. Ce que je vous dis là, ce sont des intuitions que je viens tout juste d'avoir en préparant cet enseignement. Je n'avais jamais pensé à cela auparavant. Cela prouve que nous avons toujours des choses à apprendre et que l'enseignement est un excellent moyen d'apprentissage.
Les premières paroles du ressuscité sont très importantes : *« La Paix soit avec vous! »* Elles sont si importantes que Jésus les répète tout de suite après. La paix, c'est le grand fruit que nous recevons, selon moi, du sacrement de la réconciliation : la paix avec Dieu, la paix en Dieu, la paix de Dieu. La paix, c'est aussi le dernier mot que le

prêtre dit avant de pardonner les péchés au nom de Dieu. Avant de donner l'absolution proprement dite, le prêtre fait cette prière : « *Que Dieu notre Père, vous montre sa miséricorde. Par la mort et la résurrection de son Fils, Il a réconcilié le monde avec Lui et Il a envoyé l'Esprit Saint pour la rémission des péchés. Par le ministère de l'Église, qu'Il vous donne le pardon et **la paix*** ». La paix, c'est le grand fruit du sacrement du pardon, selon moi. Dieu nous donne son pardon pour que nous goûtions sa paix, pour que nous soyons en paix. Mais de quelle paix s'agit-il? Une fois de plus, c'est Jean l'évangéliste qui nous fournit la réponse à cette question. Jésus nous dit, en saint Jean: « ***C'est la paix que je vous laisse, c'est ma paix que je vous donne; ce n'est pas à la manière du monde que je vous la donne*** » (Jn 14, 27) Jésus nous donne la paix, mais pas comme le monde la donne. Qu'est-ce que cela veut dire? Cela veut certainement dire que Jésus est capable de nous donner une paix que personne d'autre ne peut nous donner. Cela est très intéressant si on l'applique au sacrement de la réconciliation. Lorsque nous péchons, tout notre être est affecté : notre corps, notre âme et notre esprit. Nous sommes habitués de parler de l'être humain comme étant un composé d'âme et de corps. Et cela est vrai. Mais l'être humain est aussi « *esprit* ». C'est ce que saint Paul essaie de nous faire comprendre dans sa première lettre aux Thessaloniciens :

« Que le Dieu de la paix lui-même vous sanctifie totalement, et que votre être entier, l'esprit, l'âme et le corps, soit gardé sans reproche à l'Avènement de notre Seigneur Jésus Christ. » (1 Th 5,23)

La distinction entre âme et esprit n'est pas facile à comprendre. Mais je pense que vous arriverez, comme moi, à saisir quelque chose de cela « *intuitivement* ». Ce que je vais dire dans un instant, est perçu par nous surtout grâce à l'intuition et non pas tant par le raisonnement. Après avoir entendu ce que je vais dire, vous vous direz probablement : « *Oui, je crois que le Père Guy a raison* », mais vous serez pratiquement incapables d'expliquer la raison de cette perception. Le mot « *âme* » vient du mot grec « *psuché* » employé dans le Nouveau Testament et du mot hébreu : « *nephesch* ». Donc âme = psuché, d'où vient le mot « *psychologiqu*e ». Il est vrai que le péché affecte en nous notre être psychologique.

Le mot « *esprit* » vient du mot grec « *pneuma* » et du mot hébreu « *ruah* » qui veulent dire « *souffle* ». Quand on parle de l'esprit dans la Bible, on fait donc clairement référence au souffle divin que Dieu a mis en nous, à ce qui, en nous, est divinisé. On fait alors clairement référence à Dieu en nous. Or le péché se joue surtout là. On a appris tout jeune que le péché est une offense faite à Dieu. Mais il aurait été bon qu'on nous dise que le péché est une « ***offense faite à Dieu en nous*** ». Et cette offense-là, cette souillure-là, seulement Dieu peut l'enlever. Il y a des personnes qui vont au sacrement de la réconciliation et qui s'accusent d'avoir commis une grave trahison envers quelqu'un. Elles disent que la personne trahie leur a pardonné. Mais elles ne sont pas encore en paix. Parfois elles ont suivi une thérapie pour guérir des séquelles psychologiques dues à leurs péchés; mais elles n'ont toujours pas la paix. Cela ne me surprend pas car cette paix là, seul Dieu peut la donner. Il y a une partie de notre être, ce que la Bible appelle « l'esprit », que seul Dieu peut voir, toucher et guérir. Et c'est là surtout que se situe la paix dont parle Jésus; c'est là que se joue la paix dont notre bien-aimé Sauveur nous parle.

«**L'esprit (avec petit « e »), c'est ce que Thérèse d'Avila appelle «** *la fine pointe de l'âme* **». C'est le lieu le plus profond de notre être, le sanctuaire caché là où Dieu se tient et nous souffle «** *viens vers le Bien, viens vers Moi, évite le mal, fais ce qui est bien* **», etc. Vatican II l'appelle simplement la conscience. La Bible parle du coeur de l'homme : son centre le plus profond.**» (Ephata Forum catholique, *Corps âme et esprit*, 29 avril 2007)

Le sentiment qui doit nous animer : la confiance
Le grand sentiment qui doit nous animer lorsque nous nous approchons du sacrement de la réconciliation, c'est la confiance. Autrefois, on disait que c'était la contrition. C'était juste. Mais, personnellement, j'aime mieux dire que c'est la confiance qui doit être le sentiment dominant qui anime le pénitent au moment de s'approcher du sacrement de la réconciliation. Tout est dans la confiance; tout est une question de confiance. Surtout dans ce sacrement. Ma sainte préférée, sainte Thérèse de l'Enfant Jésus, lorsqu'elle est allée se confesser pour la première fois, elle était tellement heureuse, tellement joyeuse. Comme je l'envie! Comme je désirerais l'imiter un jour! Cette sainte a dit un jour : « *C'est la confiance et rien que la confiance qui doit nous conduire à l'amour.* » (LT 197, du 17 septembre 1896) Vous avez tous entendu parler, j'imagine, de Sœur Faustine, la première Sainte canonisée de l'an 2000. Cette religieuse polonaise qui a eu des révélations du Sacré Cœur. Jésus s'est révélé à elle comme étant le *« Jésus Miséricordieux »*. Il a demandé de faire faire une image selon le modèle qu'Il lui a montré et d'écrire en bas : ***Jésus, j'ai confiance en Toi***. Quelle belle phrase! Si on regarde bien cette représentation de Jésus, on dirait qu'il est en train de donner le sacrement de la réconciliation; il semble faire le geste de la main que le prêtre fait lorsqu'il absout les péchés.

Jésus a dit à Sœur Faustine :
" *Ma fille, quand tu t'approches de la Sainte Confession, de cette source de ma Miséricorde, le Sang et l'Eau qui sont sortis de mon Coeur se déversent sur ton âme et l'ennoblissent. Chaque fois que tu te confesses, plonge-toi tout entière dans ma Miséricorde avec grande confiance, pour que je puisse répandre en ton âme toutes les largesses de ma grâce. Quand tu vas te confesser, sache que c'est moi-même qui t'attends dans le confessionnal. Je ne fais que me cacher derrière le prêtre, mais c'est moi seul qui agis dans l'âme. Ici, la misère de l'âme rencontre le Dieu de Miséricorde. Dis aux âmes qu'à cette source de Miséricorde elles ne puisent qu'avec le vase de la confiance. Lorsque leur confiance est grande, il n'y a pas de borne à mes largesses. Les torrents de ma grâce inondent les âmes humbles. Les orgueilleux seront toujours dans la misère et la pauvreté car ma grâce se détourne d'eux pour aller vers les âmes humbles.* " (Petit Journal, § 1602)

C'est très beau ce que Jésus dit ici. Comment cela pourrait-il ne pas être beau puisque c'est le Seigneur qui le dit. Jésus nous parle à la fois de confiance et d'humilité. Seuls les humbles peuvent avoir un cœur confiant. Les orgueilleux ignorent la confiance. Je vais vous partager une expérience que j'ai faite il y a de cela cinq ou six ans, alors que je suis allé me confesser. J'ai été à *l'Oratoire Saint-Joseph*, où j'allais souvent me confesser et j'ai été très mal reçu, selon moi, par le prêtre. Je suis sorti du confessionnal très fâché, avec la nette impression que le prêtre avait été très bête avec moi. Il m'avait écouté et m'avait dit une seule phrase sur un ton pas mal sec : « ***Mais vous avez confiance en Dieu, non ?*** ». Après coup, j'ai réfléchi à cela et j'ai trouvé que ce prêtre avait très bien agi. Il a probablement essayé de me réveiller un peu. Je me souviens qu'en me confessant, j'avais pris un air et un ton assez piteux; je me sentais petit dans me souliers et si peu fier de moi. J'ai commencé ma confession comme je le fais toujours, en disant que j'étais prêtre et religieux. Voyant mon état d'âme, et surtout cette façon que j'avais de m'apitoyer sur moi-même, c'est alors qu'il m'a dit : « ***Mais vous avez confiance en Dieu, non ?*** » Quelle belle phrase! Que cette phrase était bien placée! Ce jour-là, j'étais centré sur moi au lieu d'être centré sur Dieu. J'étais centré sur mes péchés au lieu d'être centré sur la miséricorde. J'avais précisément oublié d'avoir confiance en Dieu, d'avoir confiance en Jésus.

Le sacrement de l'eucharistie :
Le plus grand de tous les sacrements, c'est l'eucharistie. Jésus, dans l'évangile de saint Jean, nous dit à quel point il avait un ardent désir de se donner dans ce sacrement. Lorsque nous aimons quelqu'un, nous désirons être avec lui ou avec elle. Et lorsque nous aimons beaucoup quelqu'un nous désirons faire communion avec cette personne. C'est parce que Jésus nous aime tellement qu'Il a trouvé un moyen d'être toujours avec nous avec son corps, son âme et son esprit, dans ce sacrement par excellence de son amour. Et il est allé jusqu'à trouver un moyen de venir en nous, et de faire corps avec nous; de nous aimer Corps à corps. L'union corporelle est une union très intime; or nous vivons cette union corporelle avec le Seigneur lorsque nous recevons l'eucharistie.
L'eucharistie est le sacrement qui actualise le mieux sur cette terre l'union de l'époux et de l'épouse. L'épouse, c'est l'Église, mais c'est chacun et chacune de nous. En ce sens, l'eucharistie fait grandement penser au mariage. L'eucharistie est l'union la plus intime que nous puissions avoir avec Jésus. Quand nous parlons ainsi, nous les humains, nous avons un problème. Nous pensons immédiatement de façon charnelle, et même de façon sexuelle. Et cela nous joue des tours. Quand Jésus s'unit à nous dans l'eucharistie, il n'y a évidemment pas d'union sexuelle. Mais Jésus est présent en nous, au plus profond de nous avec son corps. Car lorsque nous mangeons l'eucharistie, nous mangeons réellement le corps de Jésus; mais son corps glorifié, son corps glorieux, sous la forme de la substance. Ce n'est pas pour rien que l'Église, pour expliquer la présence réelle de Jésus dans l'eucharistie, parle de « transsubstantiation ». Voici ce que dit le *Catéchisme de l'Église catholique* :
no 1374 Le mode de présence du Christ sous les espèces eucharistiques est unique. Il élève l'Eucharistie au-dessus de tous les sacrements et en fait " *comme*

la perfection de la vie spirituelle et la fin à laquelle tendent tous les sacrements " (S. Thomas d'A., s. th. 3, 73, 3). Dans le très saint sacrement de l'Eucharistie sont " contenus *vraiment, réellement et substantiellement* le Corps et le Sang conjointement avec l'âme et la divinité de notre Seigneur Jésus-Christ, et, par conséquent, *le Christ tout entier* " (Cc Trente : DS 1651). " Cette présence, on la nomme 'réelle', non à titre exclusif, comme si les autres présences n'étaient pas 'réelles', mais par excellence parce qu'elle est *substantielle*, et que par elle le Christ, Dieu et homme, se rend présent tout entier " (MF 39).

no 1376 ... par la consécration du pain et du vin s'opère le changement de toute la substance du pain en la substance du Corps du Christ notre Seigneur et de toute la substance du vin en la substance de son Sang ; ce changement, l'Église catholique l'a justement et exactement appelé *transsubstantiation* " (DS 1642).

Voici ce qui est dit sur Wikipedia à propos de la transsubstantiation :

" La substance est ce qui existe par soi-même (ipsum esse subsistens). Ainsi, la forme d'un chapeau n'est pas le chapeau lui-même, pas plus que sa couleur, sa taille, sa texture ni aucune autre propriété sensible. C'est le chapeau lui-même (sa « substance ») qui *possède* une forme, une couleur, une taille, une texture tout en étant distinct de ces propriétés. Contrairement à ces apparences ou accidents, la substance ne peut être perçue par les sens. La substance est une des dix catégories de l'être définies par Aristote (une substance et neuf accidents) ". (Wikipedia, *La transsubstantiation*)

Une des choses qui m'impressionnent le plus dans l'eucharistie, c'est l'humilité de Dieu. Tous les sacrements sont pour moi de grands signes de l'humilité de Dieu. Mais l'eucharistie est le sacrement qui manifeste au plus haut point l'humilité de Dieu. L'humilité de Dieu est manifeste dans la source de l'eucharistie et dans son effet. D'abord dans sa source : le sacrifice eucharistique. L'eucharistie est le mémorial de la mort et résurrection de Jésus. Quand le prêtre élève l'hostie à peine consacrée, Jésus meurt et ressuscite devant nous. Il ne meurt pas de nouveau et ne ressuscite pas de nouveau, mais il rend présent sa mort sur la croix et sa résurrection. On n'aurait jamais pu imaginer que Dieu, qui peut faire ce qu'Il veut, ait choisi de mourir sous Ponce Pilate alors que la crucifixion existait. La crucifixion est selon moi le châtiment le plus humiliant qui soit : mourir nu sur une croix, au bout de son sang. L'eucharistie est donc un sacrement humble dans sa source ; mais elle est aussi un sacrement humble dans son effet. Une fois que les paroles de la consécration ont été prononcées, Jésus est présent dans ce qui ressemble à un petit morceau de pain. Il est là, à la merci de tous. Cela me fait penser à une phrase de Jésus : « *Qui se fera petit comme un enfant, celui-là est le plus grand dans le Royaume des Cieux.* » (Mt 18,4) Notre Dieu s'est fait petit enfant, mais Il se fait encore plus petit dans l'eucharistie. D'où son immense grandeur !

Le sacrement du mariage :
J'aime beaucoup célébrer des mariages. Durant l'homélie je dis aux gens pourquoi j'aime bénir des mariages. Premièrement, parce que nous sommes témoins d'un miracle, de rien de moins qu'un miracle : les futurs mariés sont entrés **deux** dans l'église et ils sortiront de l'église **un**. Jésus a confirmé l'enseignement qu'on retrouve dès le premier livre de la Bible, le livre de la Genèse : « *L'homme quittera son père et sa mère pour s'attacher à sa femme, et les deux ne feront qu'une seule chair. Ainsi ils ne sont plus deux, mais une seule chair. Eh bien, ce que Dieu a uni, l'homme ne doit point le séparer.* » (Mt 19, 5-6) Il ne s'agit pas d'un amour fusionnel où chaque époux perdrait sa personnalité propre. Non, chacun des époux conserve sa personnalité, mais aux yeux de Dieu, ils ne forment qu'une seule réalité.

J'aime surtout célébrer des mariages parce que c'est pratiquement le seul endroit où je peux être témoin de l'amour dans sa plus pure expression. C'est lors des mariages que je suis témoin du plus grand amour. Jésus a dit : « *Il n'y a pas de plus grand amour que de donner sa vie pour ceux qu'on aime.* » (Jn 15,13) Or les époux, le jour de leur mariage, se donnent l'un à l'autre. Chacun remet toute sa vie dans les mains de l'autre. Pour comprendre en quoi le mariage nous permet d'être témoin du plus grand amour qui soit, il faut savoir ce que c'est que l'amour. Nous avons plusieurs niveaux en nous, un peu comme des oignons. Le niveau le plus superficiel est le niveau des sentiments. Quand je dis cela, je ne veux pas du tout dire que les sentiments ne sont pas importants dans l'amour et je ne veux pas dire non plus qu'ils ne peuvent pas être très forts et très puissants. De fait, quand un homme et une femme décident de se marier, c'est sûrement parce que leur amour sentimental est très fort. Mais ce n'est pas dans les sentiments que se trouve la perfection de l'amour. L'amour le plus profond se trouve dans la volonté. Cela, la philosophie nous l'enseigne. Le meilleur exemple que je puisse donner de cela, c'est l'exemple de Notre Seigneur Jésus Christ. La théologie nous enseigne que Jésus nous a sauvés par chacune de ses actions. L'amour infini qui était derrière chacune de ses actions a compensé pour nos péchés qui offensent l'amour infini de Dieu. Mais la théologie nous enseigne aussi que Jésus nous a sauvés tout spécialement par sa mort et sa résurrection.
Il y a un moment dans la vie de Jésus qui, selon moi, est le moment clef dans la vie de Jésus. C'est le moment où Jésus, d'une façon tout à fait particulière, nous a sauvés. Cela s'est passé dans le jardin des oliviers, communément appelé le jardin de Gethsémani. Dans ce jardin, Jésus a commencé à avoir peur, à avoir extrêmement peur. À tel point, nous dit l'évangéliste saint Luc, que Jésus a sué du sang (Lc 22, 44). J'ai entendu dire qu'il faut avoir vraiment peur pour suer du sang. Jésus a éprouvé de l'angoisse, de la tristesse. À tel point qu'il a même prier son Père d'être épargné des souffrances qui l'attendaient. Dans le jardin de Gethsémani, les sentiments de Jésus et toute la partie affective de son être disaient non à la souffrance. Mais à force de prier, par la force de sa prière, il en est venu à dire « **oui** » à la volonté de son Père, à dire **oui** au don de soi par amour. Il s'est dit : « *Je veux et je décide de mourir par amour pour mes frères et sœurs humains.* ». Quand il eut pris cette décision, on voit dans

l'évangile que Jésus a reçu une très grande force. Il est sorti du jardin plein de force et il était clair dès lors que rien ne l'arrêterait plus; qu'Il irait jusqu'au bout de l'amour, jusqu'au don total de soi.

Une grande montréalaise qui est décédée depuis quelques années, madame Jeannine Guindon, a fondé un institut sur le boulevard Gouin. Le nom de cet institut est : *L'Institut de Formation Humaine Intégrale de Montréal*. Cette femme était vraiment une grande dame. On vient de partout dans le monde pour suivre une formation dans cet institut. Un jour elle était interviewée à la radio. L'animateur de la radio lui a demandé : « *Mme Guindon, pour vous, c'est quoi l'amour ?* » Et madame Guindon a eu cette réponse extraordinaire : « **Pour moi, l'amour, c'est une décision, c'est un engagement.** » Quelle belle réponse! Même moi qui suis prêtre depuis plus de vingt-cinq ans, je n'aurais pas donné une réponse aussi forte et aussi éclairante à cette question. Madame Guindon a été immédiatement à ce qu'il y a de plus grand dans l'amour : la décision libre et ferme d'aimer. Or c'est à l'occasion des mariages, au moment le plus important de la célébration, qu'on appelle « *l'échange des consentements* », lorsque chacun des époux dit devant tout le monde : « **Oui, je le veux** », que je suis témoin de l'amour dans ce qu'il a de plus grand.

5) Dimanche 26 juin 2011
Solennité du Corps et du Sang de Jésus

Nous vivons en Église un autre temps marqué par les solennités. Dimanche dernier, nous vivions la solennité de la Très Sainte Trinité; aujourd'hui nous célébrons la solennité du Corps et du Sang de Jésus et vendredi nous vivrons la solennité du Sacré-Cœur de Jésus. On peut se demander quel est le but de ces trois solennités. Leur but est très certainement de nous aider à entrer toujours davantage dans une logique de l'amour. Ces trois fêtes ne peuvent s'expliquer que par l'Amour, même si cet Amour est si grand qu'il est inexplicable.
Quelques réflexions sur la solennité d'aujourd'hui : la solennité du Saint-Sacrement du Corps et du Sang de Jésus. Quel est le sens de ce Corps livré par Jésus, de ce Sang versé par Jésus? Saint Jean, pour nous montrer le sens de cette solennité, nous indique dans son évangile, quel en a été le prélude. Jésus lors du dernier repas qu'Il prit avec ses apôtres, se leva de table, mit un linge autour de ses reins et se mit à laver les pieds de ses apôtres. Quel geste extraordinaire! Quel geste émouvant ! Quel geste scandaleux à première vue! Lui, le maître, se met volontairement dans la situation de l'esclave. Car seuls les esclaves ou les enfants lavaient les pieds des adultes. Jésus se fait petit devant ses amis. Être aux pieds des gens ou encore mieux « *se mettre aux pieds des gens* », c'est se mettre dans une situation de très grande vulnérabilité. Si on se met aux pieds des gens, on peut facilement se faire tasser, se faire frapper, se faire piétiner. Or, c'est précisément ce qui arrivera à Jésus quelques heures seulement après le repas : on disposera de son Corps à volonté : on le frappera, on le giflera, on le flagellera, on le crucifiera. Tout cela parce que Jésus, par amour, a voulu se rendre vulnérable. Le lavement des pieds était un geste prophétique, dans la pure ligne des

gestes symboliques posés par les prophètes.

Quand apprendrons-nous et accepterons-nous que l'Amour soit vulnérable ? Dans une relation amoureuse, la personne qui aime le plus est toujours la personne la plus vulnérable. Lorsque deux personnes s'aiment, la personne qui aiment le plus est toujours la plus susceptible d'être déçue du manque de réciprocité dans l'amour, du manque de générosité de l'autre, du manque de reconnaissance de l'autre. Même si, lorsqu'on aime, on pardonne tout facilement.

Jésus aujourd'hui et pour toujours, nous livre son Corps et son Sang. Nous sommes tellement habitués de prier Dieu comme étant le Tout-Puissant, que nous oublions parfois de faire la distinction entre Puissance divine et pouvoir humain. La puissance de Dieu, ce n'est pas le pouvoir humain. Il faut absolument que le chrétien distingue la puissance et le pouvoir. Heureusement que Dieu peut tout. Ainsi Il peut m'aimer à volonté, sans tenir compte, en un sens, de mes offenses. Et surtout, Il a pu ressusciter le Corps inerte et ensanglanté de son Fils Jésus. Il pourra donc guérir toutes mes maladies et mes infirmités et me pardonner tous mes péchés. Mais Dieu refusera toujours le pouvoir au sens où le monde sans Dieu l'entend. Car ce que recherche le monde sans Dieu, c'est avant tout de dominer l'autre avec ou sans violence. Ce genre de pouvoir, Jésus l'a toujours refusé car il est contraire à l'amour. Jésus nous dit dans l'évangile : « *Les grands de ce monde font sentir leur pouvoir. Il ne doit pas en être ainsi parmi vous : au contraire, celui qui voudra devenir grand parmi vous, sera votre serviteur, et celui qui voudra être le premier parmi vous, sera l'esclave de tous.* » (Mc 10, 42b-44) Il y a une hymne dans le bréviaire qui exprime très bien cette vérité; l'hymne s'intitule : « *Qui donc est Dieu pour nous aimer ainsi ?* » Il y est dit : « *Qui donc est Dieu, si démuni, si grand, si vulnérable ?* » Se faire pain de vie, c'est se placer dans un état de grande vulnérabilité. Seul l'Amour peut expliquer un tel geste.

6) Lundi 15 août 2011
Le secret de la joie de Marie

15 août 2011 : Solennité de l'Assomption de la Vierge Marie
Chers amis, comme vous le savez maintenant, je suis un Père Oblat de la Vierge Marie. Je profite de la solennité en cours où nous nous commémorons le moment où Marie notre Mère est entrée dans la gloire du ciel avec son corps et son âme, pour vous partager une des expériences mariales que j'ai vécues et dont je suis très reconnaissant envers Dieu. Cette expérience est très liée au titre de mon blogue car elle m'a permis de comprendre le secret de la joie qui inondait le cœur de Marie alors qu'elle vivait sur notre terre.

Le 7 juin 1987, en la fête de la Pentecôte, le pape Jean-Paul II a inauguré une année mariale pour l'Église entière. Cette année mariale devait durer un peu plus d'un an car elle se termina en la fête de l'Assomption de l'année suivante : le 15 août 1988. J'ai eu le privilège de participer à l'ouverture de cette année mariale, en compagnie de plusieurs confrères Oblats de la Vierge Marie, en la basilique Sainte-Marie-

Majeure à Rome.
Lors de cette année mariale, j'ai décidé de développer un lien plus étroit avec notre Mère du ciel. J'ai choisi une question que j'allais poser à Marie tout au long de l'année. Cette question était la suivante : « *Qui es-tu, Marie de Nazareth ?* » Cette question avait pour but de mieux connaître Marie et, par conséquent, de mieux l'aimer. Car lorsqu'on connaît mieux quelqu'un, normalement on l'aime davantage. J'ai donc commencé à poser cette question à Marie. À l'approche de la solennité de l'Immaculée Conception, le supérieur des Oblats de la Vierge Marie au Canada me téléphone pour me demander si j'accepterais d'aller prêcher un triduum en l'honneur de l'Immaculée dans la paroisse de Montréal dont nous avions la charge. J'habitais alors dans le diocèse de Nicolet, à <u>La Maison du Pardon</u>, une maison de retraites qui appartenait à notre Congrégation religieuse. J'ai accepté l'invitation.

Trois jours avant la grande fête de l'Immaculée Conception, le 8 décembre, je me rends donc dans notre paroisse de Montréal. Le lendemain de ma première nuit à Montréal, je me réveille, je m'assieds sur le bord de mon lit et je pose ma fameuse question à la Vierge Marie : « *Qui es-tu, Marie de Nazareth ?* » Et pour la première fois, en cette année mariale qui était commencée depuis quelques mois, je reçois une réponse. J'ai entendu cette réponse très clairement; non pas avec mes oreilles, mais avec mon cœur. Et cette réponse disait ceci : « *Moi, je suis une femme qui n'a jamais fait ce qu'elle a voulu.* ». Quand j'ai « *entendu* » cette réponse, je n'étais pas du tout impressionné. Je trouvais même cette réponse assez déprimante et pas du tout enthousiasmante. Mais plus je répétais cette réponse dans mon cœur, plus je la trouvais merveilleuse et éclairante. Je suis maintenant convaincu que ce jour-là, la Très Sainte Vierge Marie m'a livré le secret de la joie qui l'a toujours habitée.

Pour percevoir la beauté de cette réponse, il faut d'abord comprendre que la phrase qui est parvenue à mon cœur est incomplète. La Sainte Vierge devait savoir que je serais assez intelligent pour compléter la phrase par moi-même. De fait la réponse de Marie est celle-ci : « *Moi, je suis une femme qui n'a jamais fait ce qu'elle a voulu, mais qui a toujours fait ce que Dieu a voulu.* » Voilà le secret de la joie de Marie : Marie a toujours fait la Volonté de Dieu, même si cette Volonté allait à l'encontre de ses désirs les plus chers et les plus naturels. Marie avait exclu, semble-il, de devenir mère et voici que Dieu lui demande de donner naissance à son Fils bien-aimé; Marie aurait aimé mettre au monde son enfant en un endroit confortable ou tout au moins décent; mais Dieu avait songé à « *une meilleure place* » selon Ses vues. Marie aurait aimé jouir d'un temps d'intimité pour célébrer la naissance de son enfant mais il lui fallut fuir en Égypte. Marie aurait préféré mourir avant son Fils mais Dieu a voulu que l'Immaculée Mère de Dieu voie son adorable Fils mourir crucifié devant Elle comme un bandit. Marie n'a jamais fait ce qu'Elle a voulu mais Elle a toujours fait ce que Dieu a voulu et ce faisant, son cœur a toujours été inondé d'une joie ineffable et inexplicable. Car ce qui rend foncièrement l'être humain heureux, c'est d'accomplir en tout la Volonté de Dieu.

Je considère que la réponse que j'ai reçue de Marie en 1987, est admirablement adaptée à notre temps. De nos jours, les hommes et les femmes veulent faire ce qu'ils veulent dans la vie. Ils croient qu'en satisfaisant tous leurs désirs et leurs besoins, ils seront heureux. Erreur! Ils croient que le bonheur consiste à faire ce que l'on veut, sans personne pour nous indiquer la voie à suivre. Erreur! La phrase que j'ai entendue en décembre 1987 est tellement bien « *tournée* » pour notre époque; elle est tellement actuelle! Elle est à la fois choquante et éclairante. Inutile de vous dire que je ne l'oublierai jamais. Je suis heureux aujourd'hui de vous partager cette découverte, exactement vingt-trois ans après la clôture de l'année mariale.

7) Lundi 22 août 2011
Sens ou non-sens :

L'être humain a le choix : il peut vivre son existence sous le signe du sens ou du non-sens. Il peut choisir d'être athée ou croyant. Quelle décision lourde de « *sens* »! Quelle responsabilité pour l'être humain et pour les personnes qu'il rencontrera et que, forcément, il influencera! Je me souviens des propos qu'avait tenus à la radio M. Pierre Bourgault, un des athées les plus connus de la nation québécoise. Alors qu'on l'interviewait, M. Bourgault a clairement dit que pour lui, les événements de notre vie n'avaient aucun sens et qu'il était inutile et oiseux de vouloir trouver un sens à l'univers, à l'être humain et à ses actions. Voilà la position existentielle qu'il avait un jour librement choisie. Saint Jean, pour sa part, commence ainsi son évangile : « *Au commencement était le sens.* » (Jn 1,1) Je sais très bien que ce n'est pas la traduction que l'on fait normalement du premier verset de l'évangile de saint Jean, mais c'est la traduction qui me parle le plus en ce moment, alors que j'écris ces quelques lignes. Saint Jean a écrit son évangile en grec. Il a écrit : « *Au commencement était le* « *logos* ». Or, le mot « *logos* » signifie d'abord « *raison ou sens* » et ensuite « *parole* ». Les Bibles traduisent le premier verset du quatrième évangile de la façon suivante : « *Au commencement était le Verbe* (la Parole). »; ce faisant, les traducteurs optent pour la deuxième signification du mot « *logos* ».

Nous sommes ici au cœur de la conception chrétienne du monde. Nous croyons, comme chrétiens, que Dieu a créé un monde sensé, un monde qui a du sens. Nous croyons même que tout ce qui existe a un sens et que tout ce qui nous arrive a un sens et que ce sens se trouve en Dieu. Tant que nous ne jouirons pas de la vision pleine de Dieu (de la « *vision béatifique* »), nous ne comprendrons pas que tout a un sens; mais nous pouvons et devons déjà croire que c'est le cas. Dans l'homélie que le pape Benoît XVI a prononcée cette année (2011) lors de la veillée pascale, il a dit ceci :

« *Dans les premières paroles de son Évangile, saint Jean a résumé la signification essentielle de ce récit en cette unique phrase: «Au commencement était le Verbe». Le monde est un produit de la Parole, du Logos, comme l'exprime Jean avec un terme central de la langue grecque. «Logos» signifie «raison», «sens», «parole». Il ne signifie pas seulement «raison», mais Raison créatrice qui parle et qui se communique elle-même. C'est une Raison qui est sens et qui crée elle-même du sens. Le récit de la création nous dit, donc, que le monde est un produit de la Raison créatrice. Et ainsi il nous dit qu'à l'origine de toutes choses il n'y avait pas ce qui est sans raison, sans liberté, mais que le principe de toutes choses est la Raison créatrice, est l'amour, est la liberté. Ici nous nous trouvons face à l'alternative ultime qui est en jeu dans le débat entre foi et incrédulité: l'irrationalité, l'absence de liberté et le hasard sont-ils le principe de tout, ou bien la raison, la liberté, l'amour sont-ils le principe de l'être? Le primat revient-il à l'irrationalité ou à la raison? C'est là la question en dernière analyse. Comme croyants nous répondons par le récit de la création et avec Saint Jean: à l'origine, il y a la raison. A l'origine il y a la liberté. C'est pourquoi être une personne humaine est une bonne chose. Il n'est pas exact que dans l'univers en expansion, à la fin, dans un petit coin quelconque du cosmos se forma aussi, par hasard, une certaine espèce d'être vivant, capable de raisonner et de tenter de trouver dans la création une raison ou de l'avoir en elle. Si l'homme était seulement un tel produit accidentel de l'évolution en quelque lieu à la marge de l'univers, alors sa vie serait privée de sens ou même un trouble de la nature. Non, au contraire: la raison est au commencement, la Raison créatrice, divine. Et puisqu'elle est Raison, elle a créé aussi la liberté; et puisqu'on peut faire de la liberté un usage indu, il existe aussi ce qui est contraire à la création. C'est pourquoi une épaisse ligne obscure s'étend, pour ainsi dire, à travers la structure de l'univers et à travers la nature de l'homme. Mais malgré cette contradiction, la création comme telle demeure bonne, la vie demeure bonne, parce qu'à l'origine il y a la Raison bonne, l'amour créateur de Dieu. C'est pourquoi le monde peut être sauvé. C'est pour cela que nous pouvons et nous devons nous mettre du côté de la raison, de la liberté et de l'amour – du côté de Dieu qui nous aime tellement qu'il a souffert pour nous, afin que de sa mort puisse surgir une vie nouvelle, définitive, guérie ».*

Voilà, très bien exprimé, l'enjeu de la vie humaine. Je suis, pour ma part, toujours impressionné par la description qu'Eric-Emmanuel Schmitt (*l'auteur le plus lu dans la francophonie*) fait de son passage de l'athéisme à la croyance. Voici comment il raconta un jour sa conversion à un journaliste du journal <u>La Croix</u> :

« *J'étais parti dans le Hoggar avec des amis. Nous avions gravi le mont Tahar, le plus haut sommet, et j'ai voulu redescendre le premier. J'ai vite compris que je ne prenais pas le bon chemin, mais j'ai poursuivi, irrésistiblement séduit par l'idée de me perdre. Quand la nuit et le froid sont tombés, comme je n'avais rien, je me suis enterré dans le sable. Alors que j'aurais dû avoir peur, cette nuit de solitude sous la voûte étoilée a été extraordinaire. J'ai éprouvé le sentiment de l'Absolu et, avec la certitude qu'un Ordre, une intelligence, veille sur nous, et que, dans cet ordre, j'ai été créé, voulu. Et puis la même phrase occupait mes pensées* : **Tout est justifié.** »
La nuit du 4 février 1989, la vie d'Eric-Emmanuel Schmitt a complètement basculé. Il était entré athée dans le désert et il en est sorti croyant. Cette nuit-là, il a compris que « *tout a un sens* ». L'expression « *tout est justifié* » est synonyme de « *tout a un sens* ». Une fois devenu croyant, Eric Emmanuel Schmitt a cherché à savoir qui était ce Dieu auquel il croyait désormais. Il a étudié toutes les religions. Une nuit (*une autre nuit*), il a lu les quatre évangiles en entier et il s'est exclamé : « *Voilà la vérité ; voilà ce qui est vrai.* » La nuit où il est devenu croyant et la nuit où il est devenu chrétien nous sont racontées dans la préface de sa pièce de théâtre intitulée : <u>Mes Évangiles</u>.

Lorsqu'on lit des expériences telles que celle qu'a vécue Eric-Emmanuel Schmitt, on se pose souvent la question suivante : « *Pourquoi lui ; pourquoi pas moi ou un autre ? Pourquoi cette expérience lui est-elle arrivée à lui?* » Nous avons presque le sentiment que Dieu est injuste puisqu'il semble privilégier certains de ses enfants, au détriment de d'autres ou même à l'exclusion de d'autres. Pour ma part, je résous cette question par ces mots écrits par le cardinal Albert Vanhoye : « *Lorsque Dieu concède une grâce spéciale, elle n'est jamais exclusivement destinée à la personne mais lui est donnée à l'avantage de tous.* » (<u>*Les lectures bibliques des dimanches*</u>, Année A, p. 276)

8) Mercredi 24 août 2011
La véracité des évangiles

Il existe une discipline de la théologie que l'on appelle « *l'apologétique* ». Cette branche de la théologie a pour but de défendre la foi chrétienne, de montrer la crédibilité de la foi en Jésus Christ notre Seigneur. Cette discipline théologique était surtout à l'honneur dans le passé ; en particulier durant les premiers siècles de l'Église. Aujourd'hui, en ce 24 août, alors que nous fêtons en Église l'apôtre saint Barthélemy, l'office des lectures du bréviaire (*la liturgie des heures*) nous présente un merveilleux texte apologétique écrit par saint Jean Chrysostome (*né entre 344 et 349 et décédé en 407*), l'un des plus illustres Pères de l'Église. Parmi tous les textes que nous présentent le bréviaire, celui-ci figure parmi mes préférés :

Homélie de saint Jean Chrysostome sur la 1ère lettre aux Corinthiens :
« La croix a gagné les esprits au moyen de prédicateurs ignorants, et cela dans le monde entier. Il ne s'agissait pas de questions banales, mais de Dieu et de la vraie foi, de la vie selon l'Évangile, du jugement futur. Elle a donc transformé en philosophes des rustres et des illettrés. Voilà comment *la folie de Dieu est plus sage que l'homme, et sa faiblesse, plus forte*. Comment est-elle *plus forte ?* Parce qu'elle s'est répandue dans le monde entier, qu'elle a soumis tous les hommes à son pouvoir et qu'elle a résisté aux innombrables adversaires qui voulaient faire disparaître le nom du Crucifié. Au contraire, ce nom s'est épanoui et propagé ; ses ennemis ont péri, ont disparu ; les vivants qui combattaient un mort ont été réduits à l'impuissance. … En effet, ce que des publicains et des pécheurs ont pu réussir par la grâce de Dieu, les philosophes, les rhéteurs, les tyrans, bref la terre entière, dans toute son étendue, n'a même pas été capable de l'imaginer.

C'est en pensant à cela que Paul disait : *La faiblesse de Dieu est plus forte que tous les hommes*. Que la prédication soit l'œuvre de Dieu, c'est évident ici. Comment douze hommes, des ignorants, ont-ils pu avoir l'idée d'une pareille entreprise, eux qui vivaient auprès des lacs et des fleuves, et dans le désert ? Eux qui n'avaient jamais fréquenté les villes et leurs assemblées, comment ont-ils pu songer à se mobiliser contre la terre entière ? Ils étaient craintifs et sans courage : celui qui a écrit sur eux le montre bien, lui qui n'a voulu ni excuser ni cacher leurs défauts. C'est là une preuve

très forte de vérité. Que dit-il donc à leur sujet ? Quand le Christ fut arrêté, après avoir fait d'innombrables miracles, la plupart s'enfuirent, et celui qui était leur chef de file ne resta que pour le renier. Ces hommes étaient incapables de soutenir l'assaut des Juifs quand le Christ était vivant. Et lorsqu'il fut mort et enseveli, alors qu'il n'était pas ressuscité, qu'il ne leur avait donc pas adressé la parole pour leur rendre courage, d'où croyez-vous qu'ils se seraient mobilisés contre la terre entière ? Est-ce qu'ils n'auraient pas dû se dire : « *Qu'est-ce que cela ? Il n'a pas été capable de se sauver lui-même, et il nous protégerait ? Quand il était vivant, il n'a pas pu se défendre, et maintenant qu'il est mort il nous tendrait la main ? Quand il était vivant, il n'a pu se soumettre aucune nation, et nous allons convaincre la terre entière en proclamant son nom ? Comment ne serait-il pas déraisonnable, non pas même de le faire, mais seulement d'y penser ?* »
La chose est donc évidente : s'ils ne l'avaient pas vu ressuscité et s'ils n'avaient pas eu la preuve de sa toute-puissance, ils n'auraient pas pris un risque pareil. »

9) Lundi 5 septembre 2011
La joie chrétienne :

La première fois que j'ai découvert à quel point le thème de la joie me fascinait et m'interpellait, ce fut au début des années 1980, lorsque j'ai lu l'exhortation apostolique du pape Paul VI, intitulée : **_La joie chrétienne_** (_Gaudete in Domino_). Je crois le moment venu de vous partager certaines intuitions du pape Paul VI et de les commenter à ma façon.

La première chose qui m'a frappée en lisant l'exhortation apostolique de Paul VI, c'est que ce bon pape nous a écrit une lettre sur la joie en pleine année de joie et de jubilation. Cette lettre est datée du 9 mai 1975; l'année 1975 étant une année jubilaire. À tous les vingt-cinq ans (*et même parfois avant*), l'Église décrète une année de joie, une année sainte. Cette tradition tire son origine de l'Ancienne Alliance, de l'Ancien Testament. Voici les tout premiers mots de la lettre du pape :

« *RÉJOUISSEZ-VOUS dans le Seigneur, car il est proche de tous ceux qui l'invoquent avec un cœur sincère. Chers Frères et Fils dans le Christ, à plusieurs reprises déjà au cours de cette Année Sainte, Nous avons exhorté le Peuple de Dieu à correspondre avec un joyeux empressement à la grâce du Jubilé. Notre invitation appelle essentiellement, vous le savez, au renouvellement intérieur et à la réconciliation dans le Christ. Il y va du salut des hommes, il y va de leur bonheur plénier. Au moment où, dans tout l'univers, les croyants s'apprêtent à célébrer la venue de l'Esprit Saint, Nous vous invitons à implorer de Lui ce don de la joie.* »
Il y a beaucoup de choses exprimées dans ce court texte. Parlons d'abord de la jubilation dans l'Église. Pour quelqu'un qui vit hors de l'Église et qui la considère du dehors, celle-ci apparaît souvent comme une organisation terne, sans véritable vie et peu attirante. Mais pour qui vit à l'intérieur de l'Église, il en va tout autrement. Je me considère tellement choyé d'être chrétien et chrétien catholique car notre Mère l'Église, par l'organisation de son année liturgique, contribue grandement à nourrir en

moi ce désir profond qu'est la joie. Non seulement l'Église nous propose à tous les vingt-cinq ans une année jubilaire, mais elle nous incite à nous réjouir à longueur d'année. Alors qu'une personne qui vit hors de l'Église a tellement de jours ordinaires durant son année, nous les catholiques, nous vivons très souvent des jours de sainte joie. Car dans le calendrier liturgique de l'Église, il y a bien sûr les journées ordinaires; mais il y a aussi les « *mémoires* » qui nous rappellent le plus souvent la personnalité d'un saint ou d'une sainte de l'Église, les « *fêtes* » qui souvent soulignent un mystère de la vie du Christ ou de la Vierge Marie et finalement les « *solennités* » qui sont les fêtes les plus grandioses de l'année liturgique. Et, en fait de solennité, il n'y a pas que Pâques et Noël. Je me considère vraiment privilégié de vivre au sein d'une institution qui m'invite si souvent à me réjouir. Cela prouve une fois de plus que très souvent, on ne peut bien juger d'une organisation que si on la connaît de l'intérieur et non pas de l'extérieur.

Les premières paroles du pape nous indiquent aussi que cette lettre à été écrite à l'approche de la « *solennité* » de la Pentecôte 1975 : « *Au moment où, dans tout l'univers, les croyants s'apprêtent à célébrer la venue de l'Esprit Saint, Nous vous invitons à implorer de Lui ce don de la joie.* » Ceci est très intéressant car saint Paul, dans sa lettre aux Galates, nous dit très clairement que la joie est un des fruits de l'Esprit-Saint : « *Le fruit de l'Esprit est amour, joie, paix, longanimité, serviabilité, bonté, confiance dans les autres, douceur, maîtrise de soi : contre de telles choses il n'y a pas de loi.* » (Gal 5, 22-23). Il n'est pas surprenant que saint Paul mentionne l'amour comme étant le premier des fruits de l'Esprit; mais j'ai toujours été impressionné par le fait qu'il mette la joie au second rang, avant même la paix. Est-ce intentionnel ? Est-ce le fruit du hasard ? Qui sait ?

« *Nous vous invitons à implorer de l'Esprit Saint ce don de la joie.* » Ici les mots sont particulièrement bien choisis. Le pape ne nous invite pas à « *demander* » à l'Esprit Saint le don de la joie; il nous invite à « *implorer* » de Lui le don de la joie. Le verbe implorer est beaucoup plus fort que le verbe demander. Les petits enfants savent très bien ce que c'est que d'implorer; et particulièrement à l'approche de Noël. Ils implorent leurs parents de leur acheter tel ou tel cadeau. Et ils vont implorer jusqu'à ce qu'ils soient absolument certains d'obtenir ce qu'ils désirent. « *Si vous ne devenez pas comme les petits enfants, vous n'entrerez point dans le Royaume des cieux* » nous a dit Jésus. De même, on peut dire que si nous n'implorons pas *à la manière des petits enfants*, l'Esprit Saint de nous donner la joie, nous risquons de ne pas l'obtenir. Au début de son exhortation apostolique, le pape nous dit qu'il existe un paradoxe dans nos vies : nous désirons être toujours joyeux, mais nous expérimentons souvent le contraire : la tristesse.

« *Ce paradoxe et cette difficulté d'atteindre la joie Nous semblent particulièrement aigus aujourd'hui. C'est la raison de notre message. La société technique a pu multiplier les occasions de plaisirs, mais elle a bien du mal à procurer la joie. Car la joie vient d'ailleurs. Elle est spirituelle.* »

Comme ces phrases sont belles et riches de sens ! Nous allons essayer de découvrir toute la richesse cachée dans ces simples mots. D'abord n'est-il pas évident que le pape est un bon papa? Il est d'ailleurs intéressant de constater qu'en français, les mots « *pape* » et « *papa* » sont presque identiques. Le pape Paul VI, regardant vivre notre monde moderne, se rend compte que la joie n'est pas assez souvent au rendez-vous. Alors, il se met à sa table de travail et il prend le temps d'écrire à ses enfants une longue lettre pleine d'amour sur la joie chrétienne, dans le but de nous donner les moyens adéquats et souvent nécessaires pour trouver ou retrouver la joie. Le pape fait aussi un autre constat : la société technique d'aujourd'hui a développé à l'infini les occasions de « **plaisir** », mais elle a bien du mal à procurer la « **joie** ». Voilà une distinction tellement importante à faire dans notre vie de tous les jours : avoir du plaisir, ce n'est pas la même chose qu'avoir de la joie; avoir du « *fun* », ce n'est pas avoir de la joie.

Je me souviens, lorsque j'étais beaucoup plus jeune et aux études, de ces lundis matins où mes confrères de classe racontaient de façon volubile leurs exploits de la fin de semaine et tous les plaisirs (*parfois défendus*) qu'ils avaient connus durant le week-end. Souvent tout cela sonnait faux car à peine deux minutes après leur narration, on pouvait lire une grande tristesse sur leurs visages. Il aurait été utile à l'époque, que quelqu'un nous instruise sur la distinction à faire entre plaisir et joie. À bien y regarder, il est assez facile de constater que le plaisir est relié au corps. Tout plaisir, je pense, passe par le corps. Nous avons tous déjà expérimenté le plaisir de la vue : voir un beau film, une belle peinture, un beau paysage. Tous nous connaissons les plaisirs de l'ouïe : entendre une belle musique, le chant des oiseaux, le rire d'un enfant. Et de même pour les plaisirs du goût et du toucher. Or la joie se joue à un autre niveau; **la joie est spirituelle**. La joie n'a pas besoin de passer par nos sens pour venir habiter notre cœur. Le pape le dit clairement : « *la joie est spirituelle* ». Quel énoncé important! Quelle vérité importante !

Je me souviens d'un reportage télévisé qui a fait fureur par le passé à la chaîne de télévision de Radio-Canada. Madeleine Poulin qui animait à l'époque le programme d'information intitulé <u>Le Point</u>, nous a présenté en rafale un certain *Vendredi Saint*, les deux reportages qui ont été faits par une journaliste sur les moniales dominicaines de Berthierville. Madeleine Poulin a introduit ces deux reportages de la façon suivante : « *Nous rediffusons aujourd'hui en rafale les deux émissions sur les moniales de Berthierville car vous avez été si nombreux à nous écrire pour nous dire à quel point vous avez été touchés par ces reportages. Et certains d'entre vous nous ont avoué ne plus avoir la foi mais avoir été profondément touchés par le témoignage des moniales.* » De fait, ces émissions étaient très touchantes. Ce qui ressortait le plus de ces deux reportages, c'était de voir la joie qui rayonnait sur le visage de ces femmes consacrées au Seigneur. Et la question spontanée qui nous venait à l'esprit après le visionnement était celle-ci : « *Mais d'où leur vient une telle joie ?* » Voilà la question à $1000. Ces femmes n'ont pourtant jamais l'occasion d'aller au restaurant pour goûter à un de leurs mets préférés; elles ne vont jamais au cinéma pour visionner le film de l'heure. Elles n'ont pratiquement aucune occasion de plaisir; mais elles sont habitées d'une telle joie; d'une joie qui fait l'envie des gens du monde. La réponse se trouve dans le message du pape : « *la joie vient d'ailleurs; la joie est spirituelle.* »

Cela peut aller très loin. Nous savons par l'histoire de l'Église et le témoignage des saints (*en particulier des martyrs*) que la joie peut même habiter le cœur de personnes qui souffrent atrocement en leurs corps. La joie peut très bien habiter le cœur d'une personne alitée et condamnée à ne plus jamais se lever. Quel mystère? Ce mystère est en partie résolu lorsque nous savons que la joie est spirituelle. Et le mystère peut être entièrement résolu si nous savons et croyons que la joie est un des fruits de l'Esprit Saint.

En lisant l'exhortation apostolique de Paul VI, nous sommes frappés par le souci et l'amour des personnes athées qui se dégagent des paroles du pape. On voit clairement que l'athéisme qui se répand davantage de nos jours, est une grande préoccupation du pape. Cela se comprend aisément. À la source de l'athéisme, il y a très souvent une conception matérialiste de l'être humain. Plusieurs athées croient que l'être humain n'est que matière; qu'il n'existe aucun élément spirituel en l'homme ou la femme. Or, si on nie l'élément spirituel en l'homme, ce qu'on appelle communément « *l'âme* », on risque aussi de se couper de la joie.

10) Dimanche 11 septembre 2011
La religion du pardon

En ce 11 septembre 2011, les gens de tous les coins du monde font mémoire d'un bien triste événement : il y a dix ans, avaient lieu les terribles attentats qui ont bouleversé le monde entier et qui ont changé à jamais le cours de l'histoire et la vie en société. Et voici que la Parole de Dieu de ce 24ème dimanche du temps ordinaire nous parle très fortement et très clairement de la nécessité de pardonner les offenses. Je suis toujours émerveillé de constater que la vie civile et la vie de foi sont intrinsèquement liées et que très souvent la Parole de Dieu proclamée en Église, jette une lumière extraordinaire et éclatante sur des événements qui ont lieu le jour même dans la société. Si j'avais à décrire la religion chrétienne en un seul mot, je serais porté à dire que c'est la religion du pardon. Bien sûr, la religion chrétienne est la religion de l'amour; mais la façon très particulière dont notre Dieu vit l'amour se nomme : la miséricorde. Le Dieu des chrétiens est avant tout le **Dieu miséricordieux**. Comme la première lecture, le psaume et l'évangile de la messe d'aujourd'hui sont beaux! Tous ces textes font l'éloge de la miséricorde de Dieu. Je vous invite à aller sur internet et à écrire les mots suivants sur un moteur de recherche de votre choix : *24ème dimanche du temps ordinaire, année A.* Vous y trouverez aisément les lectures bibliques de la messe d'aujourd'hui.

Il m'arrive d'entendre dans les médias ou ailleurs des personnes qui disent ceci : « *Jamais je ne pardonnerai à telle personne ce qu'elle m'a fait.* » ou encore : « *Cette personne que je connais et qui vit encore, je l'ai complètement exclue de ma vie; elle n'existe plus pour moi tellement est grand le mal qu'elle m'a fait.* » Lorsque j'entends de tels propos, j'éprouve une très grande tristesse. Ces phrases figurent parmi les plus tristes que je puisse entendre. Je me dis alors : « *Ces personnes ne sont peut-être pas chrétiennes* »; ou, *si elles sont chrétiennes, il y a un aspect tellement important du christianisme qu'elles méconnaissent ou qu'elles ont mis de côté : la nécessité de pardonner*. Dans l'évangile d'aujourd'hui, en répondant à la question de Simon-Pierre qui lui demande combien de fois il doit pardonner à son frère ou sa sœur qui l'a offensé, Jésus répond : « *Jusqu'à soixante-dix fois sept fois* », ce qui veut dire à l'infini. Et Jésus, pour bien faire comprendre cette exigeante réponse, invente une autre de ces paraboles qui s'imprègnent dans notre mémoire dès la première fois que nous l'entendons : **la parabole du débiteur impitoyable** en Mathieu 18, 23-35. Jésus termine cette parabole en disant : « *C'est ainsi que mon Père du ciel vous traitera*, **si chacun de vous ne pardonne pas à son frère de tout son cœur.** » Non seulement je dois pardonner les offenses qu'on me fait, aussi grandes soient-elles, mais je dois pardonner de tout mon cœur.

Voilà la bonne nouvelle de l'évangile; voilà la bonne nouvelle de Jésus Christ. Il est certain qu'à première vue, cette bonne nouvelle ne semble pas très bonne. Qui de nous n'éprouve pas de difficulté à pardonner? Certains torts que nous subissons sont tout simplement abominables et peuvent aisément sembler impardonnables. Mais la bonne nouvelle de Jésus Christ peut se résumer en une phrase : « *Pour les hommes c'est impossible, mais pas pour Dieu, car tout est possible à Dieu.* » (Mc 10, 27) De plus en plus, je considère notre religion comme la religion de l'impossible. Avec Dieu, je puis tout. C'est ce que la Vierge Marie a surtout retenu de sa conversation avec l'archange Gabriel : « *Car rien n'est impossible à Dieu.* » (Lc 1, 37) C'est cette phrase de l'ange qui a convaincu la Vierge Marie de répondre un « *oui total* » à la demande et à l'invitation que lui adressait notre Père du ciel. C'est cette phrase que Marie a médité dans son cœur tout au long de son existence terrestre et qui a guidé ses choix et ses décisions. Seul, je suis souvent incapable de faire ce que Dieu me demande. Or, je ne suis jamais seul. Dieu m'invite constamment à croire qu'Il est **avec moi**; bien plus : qu'Il est **en moi** et puisqu'Il est en moi, avec Lui, tout est possible. En saint Marc, Jésus nous dit : « *Tout est possible à celui qui croit.* » (Mc 9, 23)

Jésus nous demande de pardonner. Il peut nous le demander car Lui, Il l'a fait : Il nous a pardonné et Il nous pardonne continuellement. La merveille en Jésus, c'est que pour lui, il n'y a aucune dichotomie entre le dire et le faire. Il n'y même pas de distinction entre le dire et le faire. Comme nous sommes loin de suivre cet exemple divin, n'est-ce pas? Il est vraiment le Fils de Celui dont nous parlent les premiers versets de la Bible, Celui dont il est dit : « *Il dit ... et ce fut fait; Il dit ... et cela arriva.* »

Les plus grands exemples de pardon, Jésus nous les a donnés alors qu'Il était sur la croix. Jésus sur la croix, nous a laissé sept paroles. Les deux premières paroles qu'Il a prononcées sur la croix sont des paroles de pardon. Je suis toujours émerveillé de constater qu'il y a un consensus sur les paroles de Jésus en croix. L'ordre dans lequel les sept paroles de Jésus ont été dites, semble admis par tous. Je ne sais vraiment pas comment on est arrivé à un tel consensus, mais de fait, consensus il semble bien y avoir. Or, la première parole de Jésus en croix fut : « *Père, pardonne-leur car ils ne savent pas ce qu'ils font.* » (Lc 23, 34) Il faut le faire : demander à notre Père du ciel de pardonner ce crime abominable qu'est le déicide. Jésus implore le pardon de Dieu alors qu'Il est crucifié par nous et pour nous. Et comme le dit Aelred de Rievaulx, Jésus, sur la croix, non seulement demande pardon pour nous, mais en plus, Il nous excuse : « *Pardonne-leur car ils ne savent pas ce qu'ils font.* » S'ils savaient ce qu'ils font, ils ne le feraient jamais. Jésus va jusqu'à nous excuser pour implorer le pardon de Dieu.

La deuxième parole de Jésus en croix est aussi une parole de pardon : « *En vérité, je te le dis, aujourd'hui tu seras avec moi dans le paradis.* » (Lc 23, 43) Celui qu'on appelle désormais le bon larron, semble avoir été particulièrement touché par l'attitude de Jésus en croix et par la première des sept paroles qu'il a prononcées à l'heure de sa mort, dans les plus atroces douleurs. Ce bandit fut à ce point touché et éclairé par la grâce qu'il a reconnu en Jésus le Messie. Se tournant vers Jésus, il lui dit : « *Jésus, souviens-toi de moi, quand tu viendras dans ton Royaume.* » (Lc 23, 42) Par cette parole, qu'est-ce que le bon larron disait sans l'exprimer très clairement? Il disait : « *Toi qui es roi, toi qui es le roi des rois, aie pitié de moi quand tu viendras inaugurer ton règne de justice et de paix.* » Et Jésus, sur le champ, lui fit miséricorde. La miséricorde de Dieu s'exerce instantanément; elle se vit en un clin d'œil. À peine le pécheur demande-t-il pardon qu'il est sur le champ pardonné. N'est-il pas normal que les deux premières paroles de Jésus en croix nous soient rapportées par saint Luc, l'évangéliste de la miséricorde ?

En terminant, j'aimerais dire un mot sur le *Notre Père*. La première partie du *Notre Père* porte sur Dieu, sur les devoirs à rendre à Dieu et sur le désir que le Règne de Dieu arrive. La deuxième partie du *Notre Père* regarde notre existence à nous les hommes; elle porte sur ce qu'il nous est nécessaire pour vivre et sur la façon de nous comporter. La première demande de cette deuxième partie porte sur le pain. Il est évident que Jésus ne parle pas alors seulement du pain dont nous avons besoin pour nourrir la vie de notre corps, mais aussi du Vrai Pain venu du ciel, le pain qui est son Corps et son Sang. L'eucharistie étant la source et le sommet de la vie chrétienne, il est normal que la première demande de la deuxième partie du *Notre Père* porte sur elle. Mais immédiatement après vient la demande du pardon : « *Pardonne-nous nos offenses comme nous pardonnons aussi à ceux qui nous ont offensés.* » Voilà un autre signe évident de l'importance que Jésus accorde au pardon des offenses.

11) Samedi 17 septembre 2011
La leçon du lépreux

Aujourd'hui, je désire vous partager un des textes les plus beaux que j'aie lus durant ma vie. D'après ce que je peux comprendre, il s'agit d'un fait vécu. Je n'ai pas de difficulté à croire que ce texte décrive des faits réels, étant donné la précision des descriptions et des émotions ressenties par l'auteur. Mais qui sait ?

« Nous, à Madagascar, nous avons peut-être de grandes joies. Mais il y a aussi des moments de découragement, lorsqu'on a le paludisme sous ce climat tropical humide ou lorsqu'on a des coups durs et que rien ne va plus. Ce jour-là, j'étais justement en crise comme on dirait en Europe. Rien n'allait plus. J'étais découragé. Je croyais friser une dépression nerveuse. Or, on s'était donné le mot entre jeunes missionnaires que lorsque ça n'irait pas, on ne resterait pas seuls, on irait voir le confrère le plus proche. C'est ainsi que je saute sur ma moto et me voilà parti pour une ville qui se trouve à environ 70 kilomètres de l'endroit où je travaille. Je voulais aller voir un ami qui était prêtre. Je l'ai trouvé en train de passer en visite médicale les enfants des lépreux. Je ne devais pas avoir une belle figure en entrant chez lui, car il me dit : « *Qu'est-ce qui ne va pas? Tu en fais une tête !* » Et il voulait renvoyer les enfants. Je lui dis : « *Non, finis ton travail. Pendant ce temps, j'irai prier un peu à l'église. Après on reparlera.* » Arrivé à l'église de la léproserie, j'ai commencé une prière hargneuse, une prière de colère. J'accablais Jésus de reproches. « *Pourquoi permets-tu cela ? Pourquoi ce découragement ? Pourquoi cette mauvaise santé ? Moi, qui ai tout donné …* ». Ce n'était pas une prière. Ou, si vous voulez, c'était une prière contestante. Soudain, la porte bougea. Je me retournai. C'était un lépreux. Il était aveugle. Dans ses orbites rouges on voyait deux boules blanches. C'était affreux à voir. Il n'avait plus ni mains ni pieds. Et pour se déplacer, il était obligé de se traîner sur ses genoux. Ceux-ci étaient probablement atteints aussi, car il les avait protégés avec deux bouts de chambre à air. Et le voilà qui se traîne jusqu'à ma hauteur. Il était à côté de moi. Je sentais même son odeur, parce que les lépreux ont une odeur caractéristique. Et là, se croyant seul lui aussi, il se mit à prier, à haute voix. Et c'était une prière de louange. Une prière d'action de grâces. Une prière merveilleuse. Je ne sais plus tout ce qu'il a dit, mais ce que j'ai retenu, c'est ceci : « *Je te remercie mon Dieu pour tout ce que tu as fait pour moi durant ma vie. Je te remercie même pour cette maladie. Si je n'étais pas devenu lépreux, je serais resté dans ma brousse. J'aurais probablement été un homme riche puisque je possède des zébus et des rizières. Mais je ne t'aurais jamais connu. À cause de cette maladie, j'ai abouti ici, à la léproserie. Et c'est là que j'ai appris à te connaître. Et te connaître vaut plus que tout le reste. Aussi, je te remercie pour tout, même pour cette maladie.* »

J'avais le souffle coupé. Ma prière hargneuse aussi était coupée. Je me suis mis à pleurer. Et à voix basse, j'ai conclu ma prière en disant: « *Pardonne-moi, mon Dieu. Plus jamais je ne murmurerai contre toi.* » **(Histoire vraie – 1960)**
Dans l'évangile selon saint Jean, Jésus dit dans la prière communément appelée « *sacerdotale* » : **« *Or, la vie éternelle, c'est qu'ils te connaissent, toi, le seul vrai Dieu, et celui que tu as envoyé, Jésus-Christ.* »** *(Jn 17, 3)*

12) Jeudi 22 septembre 2011
Montrer Jésus

Le cardinal français Philippe Barbarin, archevêque de Lyon, en visite au Québec à l'occasion du Congrès Eucharistique International de 2008, dans une entrevue accordée au Père Thomas Rosica, csb, dans le cadre de l'émission télévisée *Sel et Lumière*, a partagé quelque chose de très intéressant concernant Benoît XVI à peine élu pape. Une fois que le candidat à la papauté a reçu le nombre suffisant de votes pour être élu, on lui demande s'il accepte la tâche d'être pape. Dès qu'il dit oui, le secret du conclave est levé. Le nouveau pape a alors parlé en privé aux cardinaux. Le cardinal Barbarin a dit qu'il a alors sorti son carnet pour prendre des notes car ce seront les premières paroles du nouveau pape et personne d'autres que les cardinaux pouvaient entendre ses propos. Le pape a d'abord dit pourquoi il avait choisi le nom de Benoît XVI. Il a dit que l'Europe était en train de se faire et que saint Benoît en était le patron. Il a dit que le pape Benoît XV avait vécu un pontificat marqué par la guerre et que lui Benoît XVI désirait connaître un pontificat de paix. Le pape a ensuite dit cette phrase admirable : « *De toute façon, la seule chose qui m'intéresse, que je veux faire, c'est de parler du Christ, d'annoncer le Christ et, si possible,* **de Le montrer.** »

N'est-ce pas que cette façon de « voir » le ministère du pape et la vocation chrétienne en général est belle et originale? Benoît XVI est conscient qu'en tant que « *vicaire du Christ* » sur cette terre, il lui appartient en premier lieu de « montrer » le Christ au monde. Son vénérable prédécesseur était aussi très conscient de cela. Dans sa Lettre Apostolique « *Novo Millennio Ineunte* » qui marquait la clôture du grand jubilé de l'an 2000, le pape Jean-Paul II écrivait ceci :

« Nous voulons voir Jésus » (*Jn* 12,21). Cette demande, présentée à l'Apôtre Philippe par quelques Grecs qui s'étaient rendus en pèlerinage à Jérusalem à l'occasion de la Pâque, résonne aussi spirituellement à nos oreilles en cette Année jubilaire. Comme ces pèlerins d'il y a deux mille ans, les hommes de notre époque, parfois inconsciemment, demandent aux croyants d'aujourd'hui non seulement de « parler » du Christ, mais en un sens de le leur faire « voir ». L'Église n'a-t-elle pas reçu la mission de faire briller la lumière du Christ à chaque époque de l'histoire, d'en faire resplendir le visage également aux générations du nouveau millénaire?
Notre témoignage se trouverait toutefois appauvri d'une manière inacceptable si nous ne nous mettions pas d'abord nous-mêmes à *contempler son visage*. Le grand Jubilé nous a assurément aidés à le faire d'une manière plus profonde. Au terme du Jubilé, tandis que nous reprenons le chemin de la vie ordinaire, conservant en nous la richesse des expériences vécues en cette période toute spéciale, notre regard reste plus que jamais *fixé sur le visage du Seigneur*. » (*Novo Millennio Ineunte*, no. 16)

Les Grecs qui ont formulé cette demande à l'apôtre Philippe : « **Nous voulons voir Jésus** » ont exprimé le désir conscient ou inconscient de toute personne humaine vivant sur cette terre. La vocation chrétienne a précisément pour mission de « *faire voir le visage de Jésus au monde* ». Jean-Paul II a bien raison de dire que cela ne peut se faire que par la contemplation assidue et continue du visage du Christ tel qu'Il nous est révélé dans les évangiles. Et un jour, peut-être, parviendrons-nous nous aussi à dire avec l'apôtre Paul : « *Ce n'est plus moi qui vis; c'est le Christ qui vit en moi.* » (Gal 2, 20)

Durant l'année sacerdotale que nous avons vécue dernièrement, le saint curé d'Ars nous a de nouveau été présenté comme modèle. Un jour, une personne ayant rencontré Jean-Marie Vianney, s'est exclamée : « **J'ai vu Dieu dans un homme.** ». Voilà ce que les gens ont vu il y a deux mille ans en contemplant Jésus; voilà ce que les gens devraient voir en regardant un chrétien ou une chrétienne. Lors de son pèlerinage apostolique en France en 1986, le pape Jean-Paul II est allé à Ars et a dit ceci :
« *Oui, à travers ce prêtre, c'est le Christ qui est devenu spécialement présent en ce coin de France. ... Il a cherché à imiter le Christ jusqu'aux limites des possibilités humaines. Et il est devenu non seulement prêtre, mais victime, offrande, comme Jésus. ... Ainsi donc le Christ s'est bien arrêté ici, à Ars, au temps où Jean-Marie Vianney y était curé. ... Oui, Il s'est arrêté. Il a vu « les foules » des hommes et des femmes du siècle dernier qui « étaient fatiguées et abattues comme des brebis sans berger »* (*Mt 9,36*). *Le Christ s'est arrêté ici comme le Bon Pasteur.* » (Ars, le 6 octobre 1986)

En ce 6 octobre 1986, le pape a ouvert son cœur sur le problème des vocations sacerdotales et religieuses. Il a exprimé sa préoccupation et il a fait une magnifique prière. J'oserais qualifier cette prière de « *prière sacerdotale du pape* ». Après avoir lu cette prière, vous vous exclamerez peut-être comme moi : « *Wow! Quelle audace! Quelle familiarité Jean-Paul II a avec notre Père du ciel; tout à fait à l'exemple de Jésus!* » Et de fait, en entendant ce cri de Jean-Paul II, ce cri du cœur, nous avons nettement l'impression qu'il donne un ordre à Dieu, qu'il lui commande de donner des prêtres à son Église. Une telle façon de s'exprimer ne peut s'expliquer que par le fait que Jean-Paul II était devenu un autre Christ (*alter Christus*) et par le fait que le 6 octobre 1986, les pèlerins qui sont allés à Ars ce jour-là, *ont vu Jésus et entendu Jésus*. Voici les paroles et la prière de Jean-Paul II :
« Et de ce lieu (*Ars*), le Christ a dit à ses disciples, comme autrefois en Palestine : "*La moisson est abondante et les ouvriers sont peu nombreux. Priez donc le Maître de la moisson d'envoyer des ouvriers pour sa moisson*" (Mt 9, 37-38). Il l'a dit à toute l'Église qui est en France, à l'Église répandue par toute la terre. Aujourd'hui, il le dit pareillement, car les besoins sont immenses, pressants.
Les évêques, successeurs des Apôtres et le successeur de Pierre voient mieux que d'autres l'ampleur de la moisson, avec les promesses d'un renouveau, et aussi la misère des âmes abandonnées à elles-mêmes, sans ouvriers apostoliques.
Les prêtres ont une vive conscience de ce besoin, eux qui voient en maints endroits leurs rangs clairsemés, et qui attendent l'engagement de plus jeunes dans le sacerdoce ou la vie religieuse.
Les laïcs, les foyers en sont tout autant convaincus, eux qui comptent sur le ministère du prêtre pour nourrir leur foi et stimuler leur vie apostolique.
Les enfants et les jeunes le savent bien, eux qui ont besoin du prêtre pour devenir des disciples de Jésus, et peut-être partager sa joie de se consacrer entièrement au service du Seigneur, à sa moisson.
Et nous tous, qui sommes réunis ici, après avoir médité sur la vie et le service de saint

Jean-Marie Vianney, Curé d'Ars, cet "ouvrier" insolite de la moisson où s'opère le salut des hommes, nous élevons une supplication instante vers le Maître de la moisson, nous prions pour la France, pour l'Église à travers le monde entier: « **Envoie des ouvriers dans ta moisson! Envoie des ouvriers!** »

13) Lundi 26 septembre 2011
Notre Dame de l'Équilibre

Nous invoquons notre bonne Mère du ciel de différentes façons. La Vierge Marie semble posséder presque tous les titres. Or il existe un vocable de la Vierge que je n'aurais pour ma part jamais imaginé lui attribuer. Et pourtant ce vocable est très beau et d'une très grande actualité. Il s'agit de : Notre Dame de l'Équilibre. Permettez-moi de vous raconter comment j'ai découvert ce vocable de la Vierge.

À l'âge de vingt-cinq ans, je quittais ma ville natale de Québec pour entrer dans la Congrégation des Oblats de la Vierge Marie. Il a fallu que je m'expatrie car cette Congrégation religieuse n'existait pas au Canada. C'est une Congrégation d'origine italienne, fondée en 1826 par le Vénérable Bruno Lantéri. Je me suis donc rendu à Rome pour ma formation à la vie religieuse. J'ai fait mon noviciat dans une résidence située sur la fameuse Via Appia Nuova à Rome. Un jour, notre maître du noviciat nous a emmenés visiter une abbaye cistercienne qui se trouvait tout près de notre résidence : l'abbaye Notre Dame du Saint Sacrement à Frattocchie, située au 37, Via Appia Nuova. À peine entrés dans le monastère, nous nous trouvions à quelque pas d'une petite chapelle dédiée à Notre Dame de l'Équilibre. Je me souviens d'avoir ri à l'intérieur de cette chapelle en voyant ce nouveau titre de la Vierge et d'avoir dit à mes compagnons de noviciat : « *Ceci est pour les déséquilibrés.* » Quelques minutes plus tard, un moine de l'endroit est venu nous rencontrer et nous a raconté comment était née la dévotion à Notre Dame de l'Équilibre dans leur monastère. Voici les propos que nous a tenus ce moine :

« *Un jour de l'an 1967, un moine de notre abbaye était en prière, faisant sa méditation quotidienne. Pendant qu'il priait, le mot « équilibre » lui venait à l'esprit. Croyant que c'était une distraction, le moine chassait ce mot de son esprit pour ensuite retourner à sa prière. Mais ce mot lui revenait constamment à l'esprit. Une fois son oraison terminée, le moine vaque à ses occupations quotidiennes. Or en ce jour précis, alors qu'il rangeait de vieux objets dans le grenier, ce même moine trouve une plaque de bronze d'environ quinze pouces par huit pouces (trente-sept centimètres par vingt centimètres) sur laquelle était gravée la silhouette d'une orante (d'une femme en prière), se tenant debout et les mains levées de chaque côté de son corps. C'est ainsi qu'on représente souvent les personnes en prière, chez les orientaux. Et, gravés dans le bronze, tout autour de l'orante, ces mots étaient écrits :* « *ALMA AEQUILIBRII MATER, ORA PRO NOBIS !* »

Le mot latin « *mater* » signifie « *mère* ». Il est donc évident que la femme en prière représente la Vierge Marie. Les moines ont traduit ces mots simplement comme ceci : « **Notre Dame de l'Équilibre, priez pour nous.** » Lorsque le moine acheva son récit, j'avais perdu toute envie de rire et de me moquer de ce nouveau vocable de la Vierge que j'avais maintenant sous les yeux. Et mon cynisme s'est complètement volatilisé lorsque le moine ajouta ceci : « *Suite à cette découverte, un autre moine de notre monastère a fait une peinture en couleurs de Notre Dame de l'Équilibre, presque grandeur nature, suivant le modèle découvert sur la plaque de bronze. Ce cher moine a même pris soin de peindre notre monastère au bas de la toile. Le 19 septembre 1968, les moines ont donné une reproduction en couleurs de Notre Dame de l'Équilibre à sa sainteté le pape Paul VI et ce dernier, en voyant la peinture, le visage rayonnant de joie s'est écrié :* « **Notre Dame de l'Équilibre, ah, vraiment Celle dont nous avons besoin !** »

Les années ont passé. Je suis devenu diacre le 2 octobre 1982. Durant les mois de mon diaconat, alors que je me préparais à recevoir l'ordination presbytérale, j'ai fait une prise de conscience très forte : je me suis rendu compte à quel point l'équilibre était important pour toute personne, mais spécialement pour un prêtre. L'équilibre affectif en tout premier lieu, pour toute personne qui désire vivre le célibat consacré. L'équilibre aussi entre la vie de prière et l'apostolat. Il y a des gens qui sont plongés dans l'apostolat et qui oublient de prier. Il y a des personnes qui prient trop, selon moi, et qui devraient davantage vaquer à leur devoir d'état ou se donner un peu plus aux autres. L'équilibre dans le fait de ne pas être trop conservateur ni trop libéral. L'équilibre entre la tristesse et la confiance quand une épreuve nous frappe. En somme, j'ai réalisé que toute notre vie se déroulait sous le signe de l'équilibre.
J'ai alors dit à mes compagnons de diaconat : « *Pourquoi n'irions-nous pas faire un pèlerinage à l'abbaye à Frattocchie en vue de notre ordination sacerdotale.* » Mais personne parmi mes confrères diacres ne semblait intéressé à faire une telle démarche. Il ne faut jamais s'attendre à ce que tout le monde reçoive en même temps les mêmes lumières et les mêmes grâces. Je me suis dit alors : « **Très bien ! Dans ce cas, je vais dédier mon sacerdoce à Notre Dame de l'Équilibre.** » Si vous désirez voir la peinture de Notre-Dame de l'équilibre faite par le moine à Frattocchie, vous n'avez qu'à aller sur *Google* et écrire : « *Notre-Dame de l'Équilibre* ». En cliquant sur le premier lien qui tombera sous vos yeux, vous verrez une image couleur de Notre-Dame de l'Équilibre, accompagnée de la très belle prière que vous trouverez ci-dessous. Et s'il vous arrivait de prier la Vierge Marie sous ce vocable, daignez avoir une petite pensée pour le déséquilibré que je suis ... et que vous êtes. J'espère ne rien vous apprendre en vous disant que vous êtes déséquilibrés. Toute personne vivant en ce monde est marquée par un ou plusieurs déséquilibres. Seules deux personnes ayant vécu sur cette terre ont été parfaitement équilibrées : Jésus et Marie. C'est d'ailleurs pour cette raison que nous pouvons donner à Marie le beau vocable de Notre Dame de l'Équilibre. Puisque nous avons une Mère aussi équilibrée et qui nous aime tant, n'hésitons pas à recourir à Elle fréquemment et avec ferveur en lui disant : « *Notre Dame de l'Équilibre, priez pour nous !* »

Note : *il est intéressant de noter que la plaque de bronze représentant Notre Dame de l'Équilibre a été découverte durant l'année 1967 et donc quelques mois avant la* *fameuse année 1968. Nous savons tous qu'en Occident, l'année 1968 représente une année charnière. Une véritable révolution des idées, des mœurs et des valeurs est née en mai 1968, entraînant malheureusement avec elle, certains déséquilibres.*

Prière à Notre Dame de l'Équilibre :
« Vierge, Mère de Dieu et des hommes, Marie, nous vous demandons le don de l'équilibre chrétien, si nécessaire à l'Église et au monde d'aujourd'hui. Délivrez-nous du mal et de nos mesquineries, gardez-nous des compromissions et des conformismes, écartez de nous mythes et illusions, découragement et orgueil, timidité et suffisance, ignorance et présomption, erreur et dureté du cœur. Donnez-nous la ténacité dans l'effort, le calme dans l'échec, le courage dans les reprises, l'humilité dans le succès. Ouvrez nos cœurs à la sainteté, donnez-nous une grande simplicité, un cœur pur, l'amour de la vérité et de l'essentiel, le courage de l'engagement désintéressé, la loyauté de reconnaître et d'accepter nos limites. Donnez-nous la grâce de savoir accueillir la parole de Dieu et de la vivre. Accordez-nous le don de la prière. Ouvrez nos cœurs à Dieu, nous vous demandons l'amour de l'Église, telle que l'a voulue votre Fils, afin de participer, en elle et avec elle, dans une fraternelle communion à tous les membres du Peuple de Dieu –hiérarchie et fidèles--, au salut de nos frères, les hommes. Remplissez donc nos cœurs de compréhension et de respect, de pitié et d'amour. Ouvrez nos cœurs aux autres, conservez en nous la volonté de vivre et d'accroître cet équilibre, qui est foi et espérance, sagesse et rectitude, esprit d'initiative et prudence, ouverture et vie intérieure, don total, amour. Sainte Marie, nous nous en remettons à votre tendresse. Amen. »

14) Dimanche 16 octobre 2011
Guéri par le Frère André :

Dans quelques instants, le 17 octobre, je célébrerai mes 60 ans. Je remercie le Seigneur de m'avoir donné la vie. Le 17 octobre est aussi une date importante pour moi, pour une autre raison. Il y a un an le pape Benoît XVI canonisait le premier homme québécois, en la personne du saint Frère André Bessette. Or, le saint Frère André m'a obtenu une faveur insigne. Voici comment j'ai décrit cette faveur dans un texte que j'ai écrit il y a un an, le 18 octobre 2010.
Nous avons vécu hier (*le 17 octobre 2010*) un événement extraordinaire : la canonisation par le pape d'un homme de chez nous : Alfred Bessette, communément appelé le Frère André. Quelle joie pour notre peuple ! Quelle joie pour nous tous; quelle joie en particulier pour moi ! Hier j'étais particulièrement joyeux parce que non seulement c'était la canonisation du Frère André, mais aussi parce que c'était ma fête, mon anniversaire de naissance. Or je vois la canonisation du Frère André le jour de ma naissance comme un cadeau. Pourquoi? Parce que je suis un des miraculés du Frère André. Le Frère André et Saint-Joseph m'ont guéri miraculeusement, selon moi. J'irais même jusqu'à dire que le Frère André m'a sauvé la vie. Le 17 octobre sera désormais pour moi non seulement le rappel de ma naissance en cette vie, mais aussi le rappel de la canonisation de celui qui m'a en quelque sorte remis en vie il y a

douze ans. C'est avec un sentiment de profonde gratitude envers notre nouveau saint que j'écris ces quelques lignes et que je vous les partage. Ceux et celles qui me connaissent, savent que j'ai fait une dépression sévère en 1997-1998. J'ai commencé cette dépression sévère alors que j'étais en France, en banlieue de Paris, en octobre 1997. J'ai alors été rapatrié au Canada.

Pour comprendre ce que je vais dire, il faut savoir ce qu'est une dépression nerveuse. Une dépression nerveuse est d'abord et avant tout quelque chose de « physique », quelque chose de chimique. Il y a quelque chose dans notre cerveau qui commence à faire défaut; une substance chimique vient à manquer. C'est pourquoi la personne compétente pour nous guérir est le psychiatre et non pas le psychologue. Il s'agit surtout de rétablir le bon fonctionnement de la chimie du cerveau. Pour cela, les psychiatres se servent de ce qu'on appelle des « antidépresseurs ». Il faut que l'on trouve l'antidépresseur adapté au malade. Donc, ma dépression commence en octobre. Comme j'avais des idées suicidaires, mon supérieur a sagement décidé de me placer dans un hôpital psychiatrique dans le but de me sauver la vie. Je suis entré à l'hôpital psychiatrique Douglas, sur le Boulevard LaSalle, à LaSalle, tout près de Verdun, le 8 décembre 1997, le jour où l'Église célèbre la solennité de l'Immaculée Conception. Je considère que la première à m'avoir sauvé la vie est la Très Sainte Vierge. Lorsque je suis entré dans cet hôpital psychiatrique, je croyais ne jamais en sortir. C'était le début de l'hiver. Je regardais les voitures circuler sur le boulevard LaSalle et je me disais : « *Comme ces personnes sont chanceuses de pouvoir circuler comme ça, librement en ville ! Moi, je ne sortirai jamais d'ici.* » Je pèse actuellement 195 livres; j'en pesais alors 130. Je suis resté à l'hôpital un mois. Ce fut l'enfer pour moi. Au sortir de l'hôpital, début janvier 1998, j'étais loin d'être guéri. On n'avait pas encore trouvé le bon antidépresseur adapté à mes besoins. J'ai été aux États-Unis, à Alma Michigan dans le but d'être soigné. J'y suis resté trois mois. Là aussi on m'a fait essayer différents antidépresseurs. Voici comment ça fonctionne : durant une couple de mois, un antidépresseur fait souvent un bon effet; mais après deux mois on commence à se sentir aussi mal qu'auparavant. C'est donc signe qu'on n'a pas encore trouvé le bon antidépresseur. Quand on retombe malade, nous appelons cela « **une rechute** ».

Nous étions parvenus au mois de juin et je n'étais toujours pas sur la voie de la guérison. Je me suis alors demandé : « *Est-ce que je sortirai un jour de cette dépression?* » J'ai alors eu l'idée, ou plutôt l'inspiration, d'aller rencontrer le prêtre qui était responsable, en quelque sorte, de ma vocation. Il s'agit du Père Engelbert Lacasse, jésuite. Lorsque j'avais une vingtaine d'années et que je m'interrogeais sérieusement sur ma vocation, j'allais régulièrement voir le Père Lacasse. Jamais il ne m'a dit qu'il me verrait prêtre. Mais il m'a toujours encouragé en me disant qu'il prierait pour moi et qu'il était certain que Dieu m'indiquerait la voie à suivre. J'avais perdu de vue le Père Lacasse depuis plusieurs années mais je savais qu'il résidait à Montréal. J'ai donc pris rendez-vous avec lui. Il demeurait alors au Centre Vimont, juste à côté du Collège Brébœuf, sur la Chemin Côte Ste-Catherine, tout près de l'Oratoire Saint-Joseph. Je suis entré dans le bureau du Père Lacasse. Ce dernier a sûrement rapidement perçu que je n'étais pas tout à fait moi-même, que je n'étais pas dans mon état normal. Il m'a alors conseillé de faire une neuvaine à Saint-Joseph et au Frère André. Lorsqu'il m'a dit cela, ses paroles m'ont passé dix pieds au-dessus de la tête. Je n'avais pas du tout l'intention de suivre son conseil. La raison en est que j'ai toujours détesté faire des neuvaines : ces prières toutes faites que l'on doit réciter pendant neuf jours.

Une fois arrivé chez moi ce jour-là, un passage de la Bible m'est venu à l'esprit : la guérison du général Syrien Naaman. On peut retrouver cet exemple dans la Bible, au deuxième Livre des Rois, au chapitre 5, versets 1-17. Naaman, général Syrien était affligé de la lèpre. Dans son pays, il n'avait pas réussi à se faire guérir. Une jeune fille d'Israël, vivant en Syrie, vint le trouver pour lui dire qu'elle connaissait un prophète en Israël, qui pouvait le sauver de sa lèpre : le prophète Élisée. Naaman partit donc pour le pays d'Israël. Arrivé à la maison du prophète Élisée, ce dernier ne sort même pas de chez lui pour rencontrer le général. Il envoie ses serviteurs dire à Naaman d'aller se baigner sept fois dans le Jourdain et il sera guéri. Voyant cela, Naaman est furieux. Premièrement à cause du manque de considération que semble lui témoigner le prophète qui ne vient même pas le saluer, lui un général d'armée qui arrive de loin pour le rencontrer. Et deuxièmement il est irrité pour le conseil donné : il trouve que c'est de la foutaise et des niaiseries : aller se baigner sept fois dans le Jourdain pour être guéri. Il se dit en lui-même : « *Nous avons des fleuves beaucoup plus beaux que le Jourdain dans mon pays et dont l'eau est beaucoup plus pure; pourquoi je ne me baignerais pas là-bas pour être guéri?* » Et, très fâché, Naaman est sur le point de quitter les lieux. Mais ses serviteurs lui font cette remarque judicieuse : « *Si ce prophète vous avait demandé quelque chose de difficile, vous l'auriez faite, n'est-ce pas? Eh bien vous devriez encore plus lui obéir puisque ce qu'il vous demande est si facile.* » Naaman se laisse convaincre et s'exécute : il va se baigner sept fois dans le Jourdain et il est complètement guéri de sa lèpre.
C'est ce passage de la Bible qui m'a convaincu, moi aussi, de faire ce que m'avait demandé le Père Lacasse. Je me suis dit : s'il m'avait demandé quelque chose de difficile, je l'aurais probablement fait. Alors, pourquoi ne ferais-je pas une neuvaine, ce qui n'est vraiment pas dur à faire? Puisqu'une des choses que souvent je n'aime pas dans les neuvaines, c'est la prière qu'il faut réciter durant neuf jours, j'ai décidé de composer mes propres prières de la neuvaine. Je me suis assis et j'ai composé une prière à Saint Joseph et une prière au Frère André. Et je me suis exécuté. Pour ce faire, je me mettais à genoux, au pied de mon lit. Or, après seulement trois jours, **je me sentais déjà mieux et**, ce qui est encore plus important pour moi, **j'avais la conviction intime que je ferais plus jamais de « rechute »**. Et tel a été le cas : à partir de ce moment, j'ai progressé vers la santé et je n'ai plus du tout été malade. Il est vrai qu'à cette époque, si je me souviens bien, on m'a prescrit un autre antidépresseur, mais la conviction intime que je ne ferais plus de rechute, qui l'avait mise en moi? Je crois vraiment que cela venait de Dieu, par l'intermédiaire de Saint Joseph et du Frère André.

L'histoire de Naaman le Syrien est très intéressante lorsqu'on l'applique au Frère André. Ce n'est pas l'eau du Jourdain qui a guéri Naaman; c'est la foi de ce dernier et son humilité. Il a marché sur son orgueil; il a posé un geste qu'il trouvait stupide de prime abord, uniquement pour obéir à la parole du prophète. De même, ce n'est pas l'huile de Saint Joseph ou la médaille de Saint Joseph qui a guéri les personnes qui ont eu recours à l'intercession du Frère André. C'est la confiance et l'humilité des gens qui ont obtenu les miracles. Le mot confiance ici est synonyme de foi. Le mot foi a deux sens. La foi réfère à la fois à l'adhésion de l'intelligence face aux vérités de foi et à l'adhésion de la volonté face à la Parole de Dieu, ou de son représentant. Il y donc du rationnel dans la foi et de l'affectif. Lorsqu'il est question de miracle, c'est surtout le côté affectif de la foi qui joue un rôle; d'autant plus que ce qui nous est demandé peut souvent sembler irrationnel.

J'ai entendu un témoignage en fin de semaine, concernant un miracle opéré grâce au Frère André, qui est très étonnant et qui manifeste clairement ce que je viens de dire : un homme avait une maladie grave. Sa mère l'a amené souvent au Frère André pour obtenir sa guérison. Plusieurs fois, le Frère André leur a recommandé de frotter le malade avec la médaille de Saint Joseph ou encore avec de l'huile de Saint Joseph. Et cela n'a pas fonctionné. À la fin, le frère André a dit à cette famille de frotter le malade avec de l'eau de vaisselle. Ils l'ont fait et le malade a été guéri. N'est-ce pas que cela est intéressant ? Le Frère André n'était même pas attaché à ses propres méthodes. Il est clair par là que ce n'était pas l'huile qui guérissait d'après le Frère André, ni même la médaille, mais la foi et l'humilité du croyant. Mon confrère Georges Pelletier, omv, m'a dit que ces jours-ci, il a entendu dans les médias quelqu'un faire un parallèle entre Lourdes et l'Oratoire St-Joseph. L'Oratoire Saint Joseph serait le pendant outre-Atlantique de Lourdes en France. Dans les deux cas, il s'agit de deux personnes ignorantes et illettrées, qui ont été choisies par Dieu pour un rayonnement extraordinaire. À Lourdes, Marie a demandé à Bernadette de boire à une source qui n'était pas encore visible. Les gens ont alors vu Bernadette avaler de la terre avant que l'eau de la source ne surgisse. N'est-ce pas là aussi un exemple de ce que doit être l'humilité et la foi du croyant ?

Pauper, servus et humilis :
Une des meilleures façons de décrire le Frère André est celle employée par les membres de sa communauté qui ont travaillé à l'emplacement de sa tombe. Je suis allé prier sur sa tombe aujourd'hui même, en ce 18 octobre. Au dessus de sa tombe, nous lisons ces trois mots : **pauper, servus et humilis**. Ces trois mots, on les retrouve tels quels dans le chant eucharistique composé par saint Thomas d'Aquin, intitulé : *Panis Angelicus*; qu'on peut traduire par le pain des anges. Dans la première strophe de ce chant, il est écrit ceci : « *O res mirabilis ! Manducat Dominum Pauper, servus et humilis.* » que l'on peut traduire par : « *Ô chose admirable ! Il mange son Seigneur, le pauvre, le serviteur, l'humble.* » À l'Oratoire, ils ont décidé de traduire « *servus* » par « *obéissant* »; ce qui n'est pas mauvais. Quand on y pense bien, ces trois mots : « *pauper, servus et humilis* », sont pratiquement des synonymes et ils sont tellement bien adaptés au Frère André. Dans la Bible, il y a certaines catégories de personnes

qui sont considérées comme étant traditionnellement pauvres; c'est le cas de la veuve et de l'orphelin. Or à douze ans, Alfred Bessette est orphelin de père et de mère. Il perd tragiquement son père dans un fâcheux accident à l'âge de neuf ans et sa mère trois ans plus tard.
Je remercie du fond du cœur saint André Bessette de m'avoir guéri en 1998 et je le prie de manifester toute sa sollicitude à votre égard.

15) Mardi 1er novembre 2011
1er novembre: la Toussaint

Aujourd'hui l'Église est en fête; nous célébrons la Toussaint. Nous célébrons tous les saints et toutes les saintes; ceux et celles qui ont atteint le but. Comme ils sont chanceux d'avoir atteint le but pour lequel ils ont été créés : voir Dieu face à face et aimer comme Lui leurs frères et sœurs! Or, parce qu'ils aiment comme Dieu aime, les saints nous sont d'un très grand secours pour nous qui sommes encore en voyage, en chemin. Ils prient sans cesse pour nous. Ils connaissent une partie des écueils qui jalonnent nos vies. Une partie seulement, car, selon moi, notre conscience, ce lieu privilégié de rencontre avec Dieu n'est connue que de Dieu seul. D'après moi, ni les saints, ni le malin (*le démon*), ne connaissent vraiment ce qui se passe dans le cœur de chaque être humain durant son pèlerinage terrestre. Mais voyant les choses en Dieu, les saints peuvent nous être d'une grande aide. Ils désirent notre éternelle compagnie encore beaucoup plus que nous ne désirons la leur. Un jour nous les verrons; un jour nous les aimerons comme ils nous aiment; comme Dieu nous aime.
Ma chère maman est décédée le 29 octobre 2005 et ses funérailles ont eu lieu le 1er novembre, en la solennité de la Toussaint. Comme je fus heureux qu'il en fût ainsi ! J'ai prié Dieu pour que ma mère rejoigne au plus tôt tous ses amis les saints. Pour la célébration de ses funérailles, j'ai choisi comme chant d'entrée le magnifique chant de Robert Lebel, ce prêtre auteur-compositeur-interprète québécois, intitulé : *Ils sont nombreux les bienheureux*. Voici les paroles de ce chant :

Ils sont nombreux les bienheureux
(à la mémoire de mon père, Robert Lebel)

Ils sont nombreux les bienheureux
Qui n'ont jamais fait parler d'eux
Et qui n'ont pas laissé d'image…
Tous ceux qui ont, depuis des âges,
Aimé sans cesse et de leur mieux
Autant leurs frères que leur Dieu !

Éternellement heureux!
Éternellement heureux!
Dans son royaume!

Ceux dont on ne dit pas un mot
Ces bienheureux de l'humble classe
Ceux qui n'ont pas fait de miracle...
Ceux qui n'ont jamais eu d'extase
Et qui n'ont laissé d'autre trace
Qu'un coin de terre ou un berceau...

Éternellement heureux!
Éternellement heureux!
Dans son royaume

Ils sont nombreux, ces gens de rien,
Ces bienheureux du quotidien,
Qui n'entreront pas dans l'histoire.
Ceux qui ont travaillé sans gloire
Et qui se sont usé les mains
À pétrir, à gagner le pain...

Éternellement heureux!
Éternellement heureux!
Dans son royaume

Ils ont leurs noms sur tant de pierres,
Et quelquefois dans nos prières...
Mais ils sont dans le cœur de Dieu !
Et quand l'un d'eux quitte la terre
Pour gagner la maison du Père,
Une étoile naît dans les cieux...

Éternellement heureux!
Éternellement heureux!
Dans son royaume

16) Dimanche 20 novembre 2011
Solennité de Jésus Christ, Roi de l'univers :

Aujourd'hui, 20 novembre, c'est solennité dans l'Église : nous célébrons la solennité de *Jésus Christ, Roi de l'univers*. Quelle belle façon de conclure l'année liturgique, une fois de plus ! Cette solennité m'a toujours impressionné. Jésus doit régner sur tous et sur tout. Finie cette idée d'une religion privée, limitée à la sphère de la vie personnelle. C'était l'intention du pape Pie XI lorsqu'il a institué cette fête, le 11 décembre 1925, de dire très clairement que Jésus le Christ notre Seigneur doit régner dans toutes les sphères de l'activité humaine, même si cela peut déplaire aux sociétés sécularisées dans lesquelles nous vivons. Dans la lettre encyclique *Quas Primas* qui est à l'origine de la fête du Christ-Roi, le pape Pie XI écrit :

« Ce serait une erreur grossière de refuser au Christ-Homme la souveraineté sur les choses temporelles, quelles qu'elles soient: il tient du Père sur les créatures un droit absolu, lui permettant de disposer à son gré de toutes ces créatures (no 12). ... Et, à cet égard, il n'y a lieu de faire aucune différence entre les individus, les familles et les États; car les hommes ne sont pas moins soumis à l'autorité du Christ dans leur vie collective que dans leur vie privée. Il est l'unique source du salut, de celui des sociétés comme de celui des individus: Il n'existe de salut en aucun autre; aucun autre nom ici-bas n'a été donné aux hommes qu'il leur faille invoquer pour être sauvés. Il est l'unique auteur, pour l'État comme pour chaque citoyen, de la prospérité et du vrai bonheur: " La cité ne tient pas son bonheur d'une autre source que les particuliers, vu qu'une cité n'est pas autre chose qu'un ensemble de particuliers unis en société (32). " Les chefs d'État ne sauraient donc refuser de rendre - en leur nom personnel, et avec tout leur peuple - des hommages publics de respect et de soumission à la souveraineté du Christ; tout en sauvegardant leur autorité, ils travailleront ainsi à promouvoir et à développer la prospérité nationale. (no.13) Si les hommes venaient à reconnaître l'autorité royale du Christ dans leur vie privée et dans leur vie publique, des bienfaits incroyables - une juste liberté, l'ordre et la tranquillité, la concorde et la paix -- se répandraient infailliblement sur la société tout entière. » (*Quas primas*, no.14)

Mais il est certain que le Christ Jésus régnera dans notre monde, à condition que chaque individu se donne totalement au Christ. Je n'ai aucun contrôle sur la vie des gens autour de moi, même sur les personnes qui me sont les plus chères. Le seul contrôle que je puis avoir, c'est sur moi. Voilà pourquoi chaque personne, chaque chrétien ou chrétienne doit donner à Jésus toute la place qui lui revient. Heureux saint Paul qui a pu dire un jour : « *Ce n'est plus moi qui vis; c'est le Christ qui vit en moi* » (Gal 2, 20). Voilà le fruit désiré par cette solennité du Christ Roi de l'univers.
À chaque année, lorsqu'arrive la solennité d'aujourd'hui, me vient à l'esprit le magnifique poème ou conte de l'écrivain indien Rabindranath Tagore, intitulé : *Le Roi et le mendiant*.

Le Roi et le mendiant

« J'étais allé, mendiant de porte en porte, sur le chemin du village lorsque ton chariot d'or apparut au loin pareil à un rêve splendide et j'admirais quel était ce Roi de tous les rois !
Mes espoirs s'exaltèrent et je pensais : c'en est fini des mauvais jours, et déjà je me tenais prêt dans l'attente d'aumônes spontanées et de richesses éparpillées partout dans la poussière.
Le chariot s'arrêta là où je me tenais. Ton regard tomba sur moi et tu descendis avec un sourire. Je sentis que la chance de ma vie était enfin venue. Soudain,

alors, tu tendis ta main droite et dis : « Qu'as-tu à me donner ? » Ah ! Quel jeu royal était-ce là de tendre la main au mendiant pour mendier ? J'étais confus et demeurai perplexe ; enfin, de ma besace, je tirai lentement un tout petit grain de blé et te le donnai.
Mais combien fut grande ma surprise lorsque, à la fin du jour, vidant à terre mon sac, je trouvai un tout petit grain d'or parmi le tas de pauvres grains. Je pleurai amèrement alors et pensai : « Que n'ai-je eu le cœur de te donner mon tout ! »

Je suis convaincu que l'unique regret que nous aurons sur notre lit de mort, sera de ne pas avoir tout donné au Christ Jésus, le Roi de l'univers. Ce Roi de l'univers se fait mendiant durant notre vie terrestre; Il mendie notre amour et notre amitié. Aujourd'hui, dans l'évangile de ce dimanche, Jésus nous dit de façon très solennelle : « *Venez les bénis de mon Père, recevez en héritage le Royaume préparé pour vous depuis la création du monde. Car j'avais faim et vous m'avez donné à manger; j'avais soif et vous m'avez donné à boire, j'étais un étranger et vous m'avez accueilli. ... En vérité je vous le dis, chaque fois que vous l'avez fait à l'un de ces petits qui sont mes frères, c'est à moi que vous l'avez fait.* » (Mt 25, 34-35, 40).

17) Mardi 22 novembre 2011
Disciple

Saint Paul, dans sa <u>Lettre aux Galates</u>, nous dit que son plus grand titre de gloire est la croix de notre Seigneur Jésus Christ: « *Pour moi, que jamais je ne me glorifie sinon dans la croix de notre Seigneur Jésus Christ.* » (Gal 6, 14). Quant à moi, mon plus grand titre de gloire, c'est d'être le disciple de notre Seigneur Jésus Christ. Être disciple de Jésus est ce qu'il y a de plus grand à mes yeux.
Hier, le 21 novembre, en la fête (*mémoire*) de la *Présentation de la Vierge Marie*, nous avions dans l'office des lectures du bréviaire, un texte tout simplement extraordinaire de saint Augustin; un texte d'une grande force et d'une grande clarté. Saint Augustin nous faisait comprendre que le plus grand titre de gloire de la très Sainte Vierge Marie, en un sens, n'était pas d'être la Mère de Dieu, la Mère de Notre Seigneur Jésus Christ, mais bien plutôt le fait que Marie ait été le disciple de Jésus. Comme cela est fort et éclairant! N'est-ce pas extraordinaire de se faire dire cela de la part d'un théologien et d'un Père de l'Église tel que saint Augustin? Pour Jésus, le sommet de la vie chrétienne, c'est de faire la Volonté de Dieu. Faire la volonté de Dieu, c'est cela la sainteté. Marie est sainte d'abord et avant tout parce qu'elle a fait la Volonté de Dieu. Elle a été Mère de Jésus, Mère de Dieu parce qu'elle a fait la Volonté de Dieu. Il est donc vrai de dire avec saint Augustin qu'il a été plus important et plus avantageux pour Marie d'avoir été le disciple de Jésus (*Jésus étant Dieu*) que d'être sa Mère. Et nous pouvons nous aussi être *Mère de Jésus* en faisant la Volonté de notre Père des cieux. Voici ce qu'a écrit saint Augustin:
" **Faites attention, je vous en supplie, à ce que dit le Christ Seigneur**, *étendant la main vers ses disciples :* « **Voici ma mère et mes frères** ». *Et ensuite :* « **Celui qui**

fait la volonté de mon Père, qui m'a envoyé, c'est lui mon frère, ma sœur, ma mère ». *Est-ce que la Vierge Marie n'a pas fait la volonté du Père, elle qui a cru par la foi, qui a conçu par la foi, qui a été élue pour que le salut naquît d'elle en notre faveur, qui a été créée dans le Christ avant que le Christ fût créé en elle ? Sainte Marie a fait, oui, elle a fait la volonté du Père, et par conséquent, il est plus important pour Marie d'avoir été disciple du Christ que d'avoir été mère du Christ ; il a été plus avantageux pour elle d'avoir été disciple du Christ que d'avoir été sa mère. … Voyez si ce que je dis n'est pas vrai. Comme le Seigneur passait, suivi par les foules et accomplissant des miracles divins, une femme se mit à dire :* « **Heureux, bienheureux, le sein qui t'a porté!** » *Et qu'est-ce que le Seigneur a répliqué, pour éviter qu'on ne place le bonheur dans la chair?* « **Heureux plutôt ceux qui entendent la parole de Dieu et la gardent!** » *Donc, Marie est bienheureuse aussi parce qu'elle a entendu la parole de Dieu, et l'a gardée : son âme a gardé la vérité plus que son sein n'a gardé la chair. … Faites attention à ce qu'il dit* : « **Voici mère et mes frères** ». *Comment serez-vous la mère du Christ?* « **Celui qui entend, celui qui fait la volonté de mon Père, qui est aux cieux, celui-là est mon frère, ma sœur, ma mère** » (*Homélie de saint Augustin sur l'évangile de Matthieu, office des lectures du 21 novembre*)

Réjouissons-nous donc d'être les disciples de Jésus. Que le fait d'être les disciples d'un tel Maître soit notre plus grande fierté et notre plus grande gloire! Il y a un moment de la journée où le mot disciple de Jésus prend pour moi tout son sens; où le mot disciple me bouleverse et m'émeut. C'est au moment de la consécration à la messe, alors que le prêtre dit : « *Au moment d'être livré et d'entrer librement dans sa passion, Jésus prit le pain, il rendit grâce, il le rompit et le donna à ses **disciples**, en disant :* « ***Prenez, et mangez-en tous : ceci est mon corps livré pour vous***. » *De même, à la fin du repas, il prit la coupe; de nouveau il rendit grâce, et la donna à ses **disciples**, en disant :* « ***Prenez, et buvez-en tous, car ceci est la coupe de mon sang*** ».

18) Dimanche 4 décembre 2011
L'Immaculée :

Aujourd'hui, en ce deuxième dimanche de l'Avent, j'ai à cœur de vous parler de notre *immaculée* Mère du ciel : *la très Sainte Vierge Marie*. Jeudi, nous célébrerons en Église la Solennité de l'Immaculée Conception (*le 8 décembre*). Je suis toujours étonné de constater que de nombreux catholiques confondent encore l'immaculée conception de la Vierge Marie avec la conception virginale de Jésus. L'Immaculée Conception regarde Marie, a pour objet la Vierge elle-même. Par une grâce insigne, donnée en vue de la rédemption que Jésus allait opérer, Marie n'a jamais été touchée par le péché. Jamais le péché ne l'a même effleurée. Marie fut conçue Immaculée dans le sein de sa mère : sainte Anne. Marie est la seule créature humaine qui n'a jamais été entachée de la faute originelle de nos premiers parents; Elle est la seule à avoir été épargnée du péché originel. Et Marie n'a jamais commis un péché de toute sa vie. N'est-ce pas extraordinaire? Cette femme n'a été marquée que par la sainteté.

Elle a grandi de grâce en grâce. Seule la grâce a façonné Marie. On ne peut même pas imaginer ce que cela signifie dans les faits. Marie, grandissant de grâce en grâce, a atteint un niveau de sainteté inégalé, qu'on ne pourra vraiment contempler qu'au ciel.
La solennité de l'Immaculée Conception est précédée dans le calendrier liturgique par la fête de la « *Médaille Miraculeuse* » que l'on célèbre le 27 novembre. Le 27 novembre 1830, la très Sainte Vierge Marie est apparue à celle qui allait devenir « *sainte Catherine Labouré* », les mains tendues vers le monde, vers nous, et des rayons sortant de ses mains. Dans ces mains tendues, nous pouvons lire toute la sollicitude de Marie envers nous ses enfants et sa prière maternelle en notre faveur. Nous sommes en droit de croire que toute grâce et toute faveur spirituelle nous parviennent par les mains maternelles de Marie. C'est cette même attitude de Marie avec ce même positionnement des mains, que Bernadette a vu à Lourdes, lors de l'apparition du 25 mars 1858 *(voir la note mise à la fin de cet écrit)*. Et c'est dans cette même position que la Vierge est apparue à Rome le 20 janvier 1842 au sceptique qu'était Alphonse Ratisbonne. Catherine Labouré, lors de l'apparition de 1830, vit les mots suivants entourer la Vierge : « *Ô Marie conçue sans péché, priez pour nous qui avons recours à vous.* » Voilà, exprimé très clairement, le dogme de l'Immaculée Conception, dogme qui ne sera défini que vingt-quatre ans plus tard : le 8 décembre 1854. La Vierge Marie a dit à Catherine Labouré : « *Faites frapper une médaille sur ce modèle; les personnes qui la porteront avec confiance recevront de grandes grâces* ». Ce fut fait; et ce fut vrai. En très peu de temps, les miracles attribués à cette médaille furent si nombreux qu'on lui donna le nom de « *médaille miraculeuse* ».

Si un jour vous allez à Paris, je vous encourage à aller à la rue du Bac, à la chapelle des apparitions de la Vierge Marie à sainte Catherine Labouré. C'est un endroit magnifique et tellement paisible. Dès que nous entrons sur le terrain du monastère, dans l'enceinte murée, nous avons l'impression de quitter ce monde qui passe et de rejoindre l'invisible. Sur votre gauche, sculptée dans la pierre, vous pouvez voir diverses scènes représentant la vie de sainte Catherine Labouré. La dernière fresque représente le plus grand des miracles attribués à la médaille miraculeuse : la conversion d'Alphonse Ratisbonne. Cela nous montre que pour l'Église, les plus grands miracles sont les guérisons spirituelles, les conversions.
Alphonse Ratisbonne est né le 1er mai 1814, à Strasbourg, en France. Né de parents juifs, il n'adhère à aucune religion et est résolument athée. Il développe assez tôt une aversion envers la religion catholique. Une fois adulte il admettra qu'il y avait un membre de sa famille qu'il haïssait : son frère Théodore, un peu plus âgé que lui, qui était devenu catholique et, comble de malheurs, s'était fait prêtre. Alphonse était fiancé à une jeune fille de 16 ans qu'il désirait épouser. Ne pouvant se marier immédiatement à cause de l'âge précoce de sa fiancée, Ratisbonne décide de faire un voyage qui le conduirait en Orient. Avant de partir, sa fiancée lui fait promettre de ne pas passer par Rome. Ratisbonne en fait la promesse. Une fois à Naples, Ratisbonne se trompe de train et le voilà en route, bien malgré lui, pour Rome où la Vierge Immaculée l'attendait. Une fois rendu à Rome, Alphonse se met à la recherche d'un

des amis de son frère, le baron Gustave de Buissière qui était un fin connaisseur de l'orient. Le baron étant absent, on conduisit Ratisbonne au frère du baron, nommé Théodore. Théodore de Buissière était un catholique convaincu et très apostolique. Il ne mit pas beaucoup de temps à se rendre compte que Ratisbonne était un libre penseur, aux idées libérales. Les « *libres penseurs* » sont malheureusement souvent « *esclaves* » de leurs préjugés. M. de Buissière eut l'audace de demander à Alphonse Ratisbonne de porter à son cou la médaille miraculeuse. Dans un premier temps, Ratisbonne se fâcha à l'idée de poser un geste aussi ridicule mais, la grâce agissant, il accepta et passa la médaille à son cou. Il s'exclama alors, par moquerie : « *Me voilà maintenant catholique romain.* ». M. de Buissière ne s'arrêta pas là. Il poussa l'audace jusqu'à tendre un bout de papier à Ratisbonne en lui disant : « *J'aimerais aussi que vous récitiez à chaque jour cette prière mariale qu'on appelle le* <u>Memorare</u>. *Je vous prierais de la copier chez vous et de me la remettre car c'est l'unique exemplaire que j'ai.* » Ratisbonne se fâcha à nouveau en disant qu'il était temps d'en finir avec ces bêtises. Mais la grâce continuant d'agir, il accepta ce défi supplémentaire. Ce soir-là, Alphonse Ratisbonne alla au théâtre pour se changer les idées. De retour chez lui, en se dévêtant, il prend conscience qu'il porte désormais une médaille à son cou et se souvient de la prière qu'on lui a prêtée. Il s'assit pour transcrire le *Memorare*. Le lendemain matin, cette prière mariale qui est quand même assez longue, s'était entièrement imprégnée dans son esprit, sans que Ratisbonne puisse s'expliquer un tel fait.

Quelques jours plus tard, Ratisbonne se trouve sur la place d'Espagne à Rome, dans un café. Au sortir du café, il rencontre M. de Buissière qui l'invite à monter dans sa voiture et lui dit : « *Je vais m'arrêter quelques instants à l'église Saint-André delle Fratte car un bon ami est décédé et je dois faire les préparatifs des funérailles. Vous pourrez m'attendre dans la voiture et nous irons passer un moment ensemble par la suite* ». Ratisbonne monte dans la voiture. Alors que M. de Buissière est dans l'église, Ratisbonne décide d'aller jeter un coup d'œil dans ce lieu de culte. Plus tard, racontant cette journée mémorable, il écrira que ce jour-là devant l'église, il y avait un chien noir qui bondissait devant lui comme pour l'empêcher d'entrer. Une fois à l'intérieur de l'église, rien d'extraordinaire n'a attiré l'attention du visiteur. Soudain, tout devint sombre et un faisceau de lumière se dirigea vers un autel latéral, situé à l'extrémité opposée de l'endroit où était entré Alphonse Ratisbonne. Ce dernier ne se rappelle pas avoir franchi la distance entre l'entrée et l'autel latéral situé à l'extrémité opposée. Soudain, la Vierge Immaculée lui apparut, dans la même position que la Vierge de la médaille miraculeuse. Seul l'index de sa main droite pointait vers le bas, comme pour indiquer à Ratisbonne de venir s'agenouiller à ses pieds. Alphonse fut complètement bouleversé par cette apparition. Voici un texte écrit de sa main :

« *J'étais depuis un instant dans l'église lorsque tout d'un coup, je me suis senti saisi d'un trouble inexprimable ; j'ai levé les yeux, tout l'édifice avait disparu à mes regards. Une seule chapelle avait pour ainsi dire concentré la lumière et au milieu de ce rayonnement parut, debout sur l'autel, grande, brillante, pleine de majesté et de douceur, la Vierge Marie, telle qu'elle est sur ma médaille ; elle m'a fait signe de la main de m'agenouiller, une force irrésistible m'a poussée vers elle, la Vierge a semblé*

me dire : c'est bien ! Elle ne m'a point parlé, mais j'ai tout compris. »
C'était le 20 janvier 1842. Dans un autre texte, parlant de cette expérience inoubliable, Alphonse Ratisbonne nous dit ceci : « *Je la* (la Vierge Marie) *regardai et immédiatement je baissai les yeux, réalisant mon indignité et comprenant intérieurement à quel point le péché originel est quelque chose de grave. J'essayai par la suite de regarder à nouveau le visage de la Vierge mais mes yeux ne pouvaient monter plus haut que ses mains pleines de miséricorde* ». (Ces dernières phrases de Ratisbonne, je les cite de mémoire, les ayant lues il y a de cela quelques années). Lorsque M. de Buissière sort de la sacristie, il voit Ratisbonne agenouillé et tout en pleurs. Il s'informe et demande ce qui s'est passé. Ratisbonne dit qu'il veut d'abord en parler à un prêtre. M. de Buissière le conduit à l'église du Gesù à Rome où Alphonse rencontre un Père jésuite. Durant quelques jours, Ratisbonne recevra des instructions sur la religion catholique et il admettra que tout ce qu'il a appris sur la religion lui avait déjà été donné comme en germe au moment de l'apparition de la Vierge Marie. Alphonse Ratisbonne fut baptisé à la fin du mois de janvier. Il devint prêtre, entra dans la *Compagnie de Jésus* et on l'appela dorénavant : le *Père Marie*. Il alla en Terre Sainte aider son frère Théodore qui avait fondé une Congrégation religieuse dans le but d'aider ses frères et sœurs juifs à se convertir au christianisme. Le Père Marie fut renommé pour sa joie de vivre et sa gaieté. Il mourut le 6 mai 1884 et voulut être enterré à Aïn-Karim, là où a vécu Élisabeth, la cousine de la Vierge Marie. Le mystère de la Visitation de Marie à Élisabeth est un des mystères les plus joyeux du rosaire. Peut-être est-ce pour cela que Ratisbonne voulut être enterré en ce lieu.

Note : Bernadette Soubirous a vu dix-huit fois la Vierge Marie, du 11 février au 16 juillet 1958. À quelques reprises, Bernadette avait demandé à la Dame de lui révéler son nom. Il en a fallu du temps avant que Bernadette obtienne une réponse à sa question. Ce n'est que lors de la seizième apparition que la Vierge Marie révéla finalement son nom; et un nom tellement surprenant! Cette seizième apparition eut lieu le 25 mars 1858. Il est merveilleux de constater que la Vierge Marie a choisi ce jour pour révéler son nom à Bernadette. Le 25 mars, l'Église a toujours fêté *L'Annonciation*: l'annonce faite à Marie par l'archange Gabriel. Nous croyons qu'il y a deux mille ans, au départ de l'ange, Marie était enceinte de Jésus. Elle le mettra au monde exactement neuf mois plus tard, ce qui nous mène au 25 décembre. L'Église a de la logique dans les idées. Ne sachant pas à quelle date notre Sauveur est né, on peut arranger les choses de façon à ce qu'elles fassent du sens.

Quel nom Marie s'est-elle attribuée le 25 mars 1858? La Vierge Marie dit à Bernadette: **"Je suis l'Immaculée Conception"**. Ceci est très intéressant car le fondement biblique de la croyance au dogme de l'Immaculée Conception est la deuxième parole de l'ange Gabriel à Marie: " *kékaritoménê* " mot grec que nous traduisons souvent par "*pleine de grâce*". À l'Annonciation, l'archange Gabriel a donné un nom nouveau à Marie; il ne l'a pas appelé Myriam mais « *kékaritoménê* » qui signifie « *pleine de grâce* ». L'Église a toujours cru que Marie était pleine de grâce dès sa conception, immaculée dès sa conception. Il convenait donc parfaitement que Marie attende le 25 mars pour s'attribuer le nom d'**Immaculée Conception**. Voici le récit de la seizième apparition de la Vierge Marie à sainte Bernadette Soubirous:

Seizième apparition: le Jeudi 25 mars 1858 - en la fête de l'Annonciation
« La Dame va s'annoncer. La veille de l'Annonciation Bernadette entend l'appel de la Vierge. Oh! douce voix! Cette sainte nuit de l'Incarnation sera une sainte nuit pour Bernadette, une nuit entrecoupée d'Ave Maria. Dès la pointe de l'aube, peu après 5 heures, elle voudrait courir à la Grotte, mais une crise d'asthme l'empêche de courir. Oh! bonté de la Vierge! En descendant vers la Grotte, Bernadette voit la niche déjà illuminée! La Dame l'attend. Une prévenance à n'y pas croire. Bernadette ne voit que Marie, mais pas la foule qui se presse aux abords de la Grotte. Mais laissons Bernadette raconter: "Quand je fus devant elle, je lui ai demandé pardon d'arriver ainsi en retard. Toujours bonne pour moi, elle me fit signe de la tête que je n'avais pas besoin de m'excuser. Alors, je lui exprimai, comme je pus, toutes mes affections, tous mes respects et le bonheur que j'avais de la retrouver. Après l'avoir entretenue de tout ce qui me vint au coeur, je pris mon chapelet. Pendant que j'étais en prière, la pensée de lui demander son nom s'imposa à mon esprit avec une persistance qui me faisait oublier toutes les autres pensées; je craignais de me rendre importune en réitérant une demande toujours demeurée sans réponse, et cependant quelque chose m'obligeait à parler. Enfin, d'un mouvement que je ne pus contenir, les paroles sortirent de mes lèvres et je priai la Dame: "*Madame, voulez-vous avoir la bonté de me dire qui vous êtes?*" Comme à mes précédentes questions la Dame inclina la tête, sourit, mais ne répondit pas. Je ne sais pourquoi, ce matin-là, je me sentis plus courageuse et je revins à lui demander la grâce de me faire connaître son nom. Elle renouvela son sourire et sa gracieuse salutation et continua de se taire. Alors une troisième fois, les mains jointes, et tout en me déclarant indigne de la faveur que je réclamais, je recommençai ma prière. La Dame se tenait debout au-dessus du rosier. A ma troisième demande, elle prit un air grave et parut s'humilier. Puis elle joignit les mains, les porta à son coeur et regarda le ciel. Enfin, les séparant lentement, comme dans la médaille miraculeuse, et se penchant vers moi, elle me dit, la voix très douce: « *Qué soy era Immaculada Councepciou* », ce qui, dans le patois de Bernadette, veut dire : " *Je suis l'Immaculée Conception.*" Bernadette n'a pas compris ce que voulait dire cette expression " *Immaculée Conception* ". Mais M. le Curé le saura bien. Aussi va-t-elle tout de suite chez lui en répétant sans cesse la parole de la Dame. C'est ainsi que la Vierge s'est révélée d'abord au prêtre par l'intermédiaire de Bernadette. » (Tiré du site internet suivant : *Les apparitions de la Sainte Vierte à Lourdes,* dieu-sauve.chez-alice.fr/apparitions)

Dans sa lettre encyclique sur la Vierge Marie, en l'an 1987 (*année mariale*), le pape Jean-Paul II parle de la surprise de Marie lorsque l'ange Gabriel s'est adressé à elle en l'appelant non pas Myriam mais « *kékaritoméné* ». Voici les mots du pape : « **Le messager divin dit à la Vierge:** «*Réjouis-toi, pleine de grâce, le Seigneur est avec* *toi»* (Lc 1, 28). Marie «*fut toute troublée*, et elle se demandait ce que signifiait cette salutation» (Lc 1, 29), ce que pouvaient signifier ces paroles extraordinaires et, en particulier, l'expression «*pleine de grâce*» (*kécharitôménê*) ... En effet, le messager salue Marie comme «*pleine de grâce*»: il l'appelle ainsi comme si c'était là son vrai nom. Il ne donne pas à celle à qui il s'adresse son nom propre suivant l'état civil terrestre: Miryam (= Marie), *mais ce nom nouveau: «pleine de grâce».* Que signifie ce nom? Pourquoi l'archange appelle-t-il ainsi la Vierge de Nazareth?» (*Redemptoris Mater*, Jean-Paul II, 1987, no 8)

19) Samedi 17 décembre 2011
La fourmi et l'éléphant :

Nous commençons aujourd'hui l'octave de préparation à Noël. Augmentons notre ferveur, « *élargissons notre tente* » comme le dit si bien le prophète Isaïe. Notre cœur est beaucoup trop étroit pour recevoir tant de magnificence. L'octave de préparation à Noël est tellement solennelle! Nous allons proclamer en Église les évangiles de l'enfance. Lorsque je fais la première rencontre de groupe des parents qui désirent faire baptiser leurs enfants, je fais une catéchèse sur les fondements de notre foi chrétienne. Je demande aux parents s'ils croient que Jésus est Dieu. La majorité d'entre eux répond « *non* ». Voilà où nous en sommes dans le domaine de la foi ici au Québec en 2012: de très nombreux parents qui font baptiser leurs enfants, ne savent pas, et donc ne croient pas, que Jésus est Dieu. Tous admettent que Jésus est le fils de Dieu, mais nombreux sont ceux qui ignorent que Jésus est Dieu. Ils ont entendu parler du fils de Dieu, mais ignorent Dieu le Fils.

Je profite alors de l'occasion pour témoigner de la foi qui est la mienne. Je leur dis sans ambages que si Jésus n'était qu'un homme, que si Jésus était né de Marie et de Joseph, je ne serais pas avec eux dans cette pièce et je ne leur ferais pas perdre leur temps. Si Jésus n'est qu'un homme, il ne mérite pas que je lui donne ma vie, que je lui consacre ma vie. Et je leur dis pourquoi je crois que Jésus est Dieu. Je reprends alors l'annonce faite à Marie en saint Luc (*évangile de ce quatrième dimanche d'Avent : Lc 1, 26-38*) et l'annonce faite à Joseph en saint Mathieu (*Mt 1, 18-25*). Marie et Joseph ont clairement appris de l'ange Gabriel que Jésus serait conçu du Saint-Esprit, la troisième Personne de la très sainte Trinité, et qu'ainsi Il serait Dieu. Jésus parfaitement homme, grâce à Marie; Jésus parfaitement Dieu, grâce à l'Esprit Saint. Je dis alors aux jeunes parents qu'une révélation aussi extraordinaire reçoit normalement deux genres de réaction : ou en en rit ; ou on y croit. Je leur dis aussi que la foi n'est pas une question de quotient intellectuel : il y a des gens très intelligents qui croient que Jésus est Dieu et des gens très intelligents qui n'y croient pas. La foi en Jésus Dieu, est avant tout un don. Pour recevoir un don, il faut souvent le désirer; il faut souvent le demander.

Ce qui éclate selon moi dans les évangiles de l'enfance, c'est la Toute Puissance de Dieu. Certaines personnes aujourd'hui ne tolèrent plus que l'on parle de Dieu comme étant le Tout-Puissant. Ces personnes craignent que la Toute Puissance de Dieu effraie les gens, surtout les jeunes. Vu que les êtres humains exercent très mal leur puissance lorsqu'ils en ont, certaines personnes craignent de parler aux gens de la Toute Puissance de Dieu. J'avoue que je n'ai pas ce problème. Au contraire, j'aime beaucoup parler et entendre parler de la Toute Puissance de Dieu. Il faut vraiment que Dieu soit puissant pour concevoir un être humain sans le concours de l'homme; il faut vraiment que Dieu soit puissant pour faire en sorte que deux personnes sur cette terre aient cru du premier coup que le Dieu infiniment saint puisse habiter le sein d'une femme et habiter au sein de son peuple.

Nos humoristes québécois se font souvent une gloire de rire de cette croyance essentielle et fondamentale de notre foi. Ces humoristes me font penser à la fourmi qui se gonflerait ou se bomberait le torse (*si elle en avait un; ou si à tout le moins on pouvait le voir*) devant l'éléphant. Quelle serait la réaction de l'éléphant? Est-ce qu'il écraserait la pauvre petite bête. Je ne crois pas. La Bible nous dit que seuls les gens qui sentent que leur pouvoir est menacé, font usage de leur force (1). Mais qui peut menacer le Tout Puissant? Tout au plus, l'éléphant jettera un regard de compassion devant cette fourmi qui se prend pour une autre. Peut-être Dieu a-t-il un sourire aux lèvres lorsqu'il voit sa créature humaine si pauvre, si misérable à plusieurs points de vue, se glorifier comme si elle était Dieu? Je suis toutefois plutôt porté à croire que Dieu éprouve bien du chagrin devant l'être humain qui se veut tout puissant, mais qui ne sait pas reconnaître la Toute Puissance de Celui qui l'a créé.

(1) « *Ta force est à l'origine de ta justice, et ta domination sur toute chose te rend patient envers toute chose. Il montre sa force, l'homme dont la puissance est discutée, et ceux qui la bravent sciemment, il les réprime. Tandis que toi, Seigneur, qui disposes de la force, tu juges avec indulgence, tu nous gouvernes avec beaucoup de ménagement, car tu n'as qu'à vouloir pour exercer ta puissance.* » (<u>Livre de la Sagesse</u>, chap 12, versets 16-18)

20) Dimanche 25 décembre 2011
Noël 2011

Chers amis, je vous souhaite un saint Noël 2011. Noël est la deuxième fête chrétienne en importance; elle vient après Pâques qui est la fête des fêtes : Pâques nous permet de célébrer la résurrection de Jésus. Si Jésus n'était pas ressuscité, nous ne serions pas ici aujourd'hui pour célébrer sa naissance. Pâques, c'est le but de la vie de Jésus et c'est notre but à nous aussi. Ce Jésus qui est ressuscité, c'est Lui qui naît aujourd'hui pour nous. À Noël, nos églises sont remplies, mais nous savons bien que tous ces gens ne sont pas croyants. Certains viennent pour entendre des chants qu'ils connaissent et pour le côté folklorique ou culturel de la fête. C'est une tradition pour certains d'aller à l'église à Noël et parfois à Pâques. Les chrétiens, quant à eux, fêtent la naissance de Jésus, Dieu parmi nous. La première personne qui a cru à la divinité de Jésus, c'est Marie, sa Mère; celle que nous prions en disant : « *Sainte Marie, **Mère de Dieu** ». La deuxième personne qui y a cru, dans le temps, il semble que ce fut Élisabeth, la cousine de Marie : « *Qu'est-ce qui me vaut que la Mère de mon Seigneur vienne jusqu'à moi ?* » *(Lc 1, 43)* Ensuite, il y a eu Joseph : « *Ne crains pas* *de prendre chez toi Marie ton épouse car l'enfant qu'elle a conçu vient de l'Esprit Saint. » (Lc 1, 20)*

Depuis deux mille ans, des millions et des millions de personnes ont cru et croient que Jésus est Dieu. Et les personnes qui croient que Jésus est Dieu, sont loin d'être folles. Voilà pour moi un signe très fort de la vérité de notre foi : le fait que des millions de personnes aujourd'hui en 2011, comme par le passé, croient que Jésus est Dieu. On entend souvent des gens dire que « *toutes les religions se valent* ». Je regrette, mais toutes les religions ne se valent pas. Il n'y a pas une religion sur terre qui aille aussi loin que la nôtre; qui aille jusqu'à croire que le Dieu qui a tout créé, qui a créé le cosmos, les galaxies, les planètes et tout ce qui nous entoure, que ce même Dieu se soit fait petit enfant faible et nu et qu'il soit né dans une mangeoire. C'est tellement extraordinaire que Dieu ait fait cela ! Et c'est tellement extraordinaire que des millions d'être humains croient cela aujourd'hui comme hier ! Au risque de me répéter, cela est pour moi un signe très fort de la vérité de ce mystère. Personnellement, je crois à tout cela. Mais de plus en plus, je réalise que je n'y crois pas assez. Et voilà ma question en ce Noël 2011 : **comment se fait-il** que si je crois vraiment que Jésus est Dieu et qu'il naît pour moi aujourd'hui, **que cela ne change pas plus de choses dans ma vie**? Avez-vous déjà lu des vies de saints et de saintes? S'il y a une chose que nous devrions faire à chaque année, c'est lire une vie de saint ou de sainte. Je viens tout juste de lire la vie de saint François d'Assise par Julien Green. C'est un livre magnifique. Quand vous lisez la vie d'un saint, vous voyez que la foi de cet homme ou de cette femme est tellement vive, tellement vivante. Ces personnes vivent avec l'invisible comme nous, nous vivons avec le visible. Pour eux, c'est l'invisible qui est le plus réel. Les choses qui nous entourent et que nous voyons, souvent nous déçoivent; les réalités invisibles et surnaturelles qui regardent Dieu, ne nous décevront jamais. Comment se fait-il, si je crois que Jésus est Dieu, que je ne le prie pas davantage? Comment se fait-il, si je crois que Marie est la Mère de Dieu, que je ne la prie pas davantage ? Comment se fait-il, si je crois que Jésus est Dieu et qu'Il est par conséquent la Vérité même, que je ne mette pas tous mes efforts à suivre ses voies, à suivre le chemin de l'Évangile?

Il y a une phrase de l'évangile qui me revient à l'esprit très souvent ces jours-ci : « *Veillez et priez pour ne pas entrer en tentation; l'esprit est ardent mais la chair est faible.* » *(Mt 26, 41)* Combien de fois j'ai entendu cette phrase de mon très doux et souverain Seigneur? Combien de fois cette phrase est-elle parvenue à mes oreilles? Mais comment se fait-il que je ne l'aie presque jamais mise en pratique? Jésus doit tellement être déçu que ses phrases divines tombent comme ça dans le vide, ou presque; que si peu de gens les écoutent vraiment. Sainte Marie, Mère de Dieu, apprends-nous à écouter la Parole de Dieu et à la mettre en pratique. Jésus lui, a été le premier à mettre en pratique ses divines paroles. La phrase que je viens de citer en saint Matthieu, Jésus l'a dite dans le jardin des oliviers, le dernier soir de sa vie sur terre. Jésus a connu ce soir-là l'épreuve la plus dure de sa vie. Il s'est mis à être triste à en mourir, à avoir peur, tellement peur qu'il suera du sang. Il connaîtra l'angoisse et un sentiment d'impuissance. Mais il aura recours à Dieu; il mènera le dur combat de la prière. Le mot « *agonie* », étymologiquement, veut d'ailleurs dire « *combat* ». « *Veillez et priez pour ne pas entrer en tentation. L'esprit est ardent mais la chair est faible.* » Cette phrase, Jésus l'a dite le soir du jeudi saint mais surtout, Il l'a vécue; Il l'a mise en application dans sa vie. Il a veillé et Il a prié; Il a beaucoup prié. Au terme de sa prière, dans le jardin de Gethsémani, Il a reçu une telle force de son Père qu'Il est allé sans hésitation jusqu'au bout de l'amour. Les meilleurs amis de Jésus qui ont entendu ces paroles magnifiques, ne les ont pas mises en pratique. Ils ont dormi au lieu de veiller et de prier ; et lorsque la tentation est venue, ils ont eu peur et ils ont fui. Voilà toute la différence.

Depuis quelques années, je vis des problèmes, des difficultés dans ma vie d'union avec Dieu, des tentations. Il y a une quinzaine de jours, en la *Solennité de l'Immaculée Conception* (*le 8 décembre*), j'ai reçu une très belle grâce : j'ai eu la conviction intime que si je remettais le chapelet dans ma vie, ces difficultés et ces tentations disparaîtraient. Or tel est le cas. Le soir, je sors mon chapelet et je le prie en compagnie de Marie. Et mes difficultés ou tentations fondent comme neige au soleil. Lorsque j'avais vingt ans, le chapelet récité tous les jours a été ma bouée de sauvetage. Grâce à cette prière mariale par excellence, j'ai retrouvé le chemin de Dieu, le chemin de l'Évangile; j'ai retrouvé la paix, la sérénité et mon cœur a été disposé à entendre l'appel à la vie religieuse et sacerdotale.

Chers amis chrétiens et chrétiennes, qu'est-ce que je nous souhaite en ce Noël 2011? Je nous souhaite que cette foi en Dieu que nous avons en commun, que cette foi en Jésus, gouverne davantage notre vie. Prions en ce jour afin que nous devenions davantage présents au mystère. Prions pour que les choses qui nous entourent ne nous distraient pas de l'essentiel, des réalités invisibles qui sont beaucoup plus importantes et essentielles : « *Les choses visibles sont provisoires; les choses invisibles sont éternelles.* » *(2 Cor 4,18)*

21) Dimanche 1er janvier 2012
1er janvier: Sainte Marie, Mère de Dieu

Chaque année, nous commençons l'année en compagnie de **Marie, Mère de Dieu**, et sous sa protection. Marie Mère de Dieu parce que Mère de Jésus. Cela est très significatif. Si nous voulons vivre une belle et bonne année, nous devons mettre Marie au cœur de nos vies. La dévotion envers Marie, pour nous les catholiques, n'est pas une « *dévotion supplémentaire ou superflue* »; la dévotion mariale doit être au cœur de la vie de tout chrétien et surtout de tout catholique. **De même que Jésus est venu à nous par Marie, de même nous irons à Jésus par Marie**. Tous les auteurs spirituels nous enseignent que **la voie la plus sûre pour arriver à l'union avec Jésus** et à la transformation en Lui, **est la dévotion mariale**, le recours à Marie par la prière. Je suis de plus en plus convaincu que les catholiques doivent mettre Marie dans leur vie à chaque jour et surtout par la récitation du chapelet. À chaque fois que Marie est apparue sur cette terre, elle nous a suppliés et elle nous a demandé **de prier le chapelet à chaque jour**. Et nous, sous prétexte que nous avons beaucoup à faire, que nous avons beaucoup mieux à faire, nous faisons la sourde oreille. Marie ne peut pas et ne veut pas nous tordre le bras. Cependant, notre Mère du ciel sait très bien les grâces innombrables qu'elle obtient aux personnes qui font sa volonté et qui prient le chapelet tous les jours. Cela doit d'autant plus l'attrister de voir que nous ne croyons pas en ses paroles. Je puis témoigner du fait que la prière du chapelet peut changer une vie; ma vie a complètement changé alors que j'avais une vingtaine d'années, le jour où j'ai mis le chapelet dans ma vie quotidiennement.

Je vous encourage fortement à lire la magnifique lettre apostolique que le pape Jean-Paul II a écrite à l'occasion du vingt-cinquième anniversaire de son élection comme vicaire du Christ, intitulée : <u>Rosarium Virginis Mariae</u> en date du 16 octobre 2002. Le pape Jean-Paul II nous répète que le chapelet (*ou le rosaire*) est sa prière préférée; que le chapelet est une prière essentiellement « **christologique** ». Pour montrer que le chapelet est une prière « *christologique* », le pape a osé inviter les fidèles du monde entier à contempler cinq nouveaux mystères du rosaire : **les mystères lumineux** (*le baptême de Jésus, les noces à Cana en Galiée, Jésus qui annonce le Royaume des cieux, la Transfiguration de Jésus et l'institution de l'eucharistie*). Quelle audace ce pape a eue : changer en quelque sorte la structure millénaire du chapelet! La raison qu'il donne est probante : si le chapelet est une prière essentiellement christologique, comment se fait-il que nous n'ayons jamais été invités à contempler la partie la plus connue et la plus abondante de la vie de Jésus : **sa vie publique**? Pourquoi nous sommes-nous contentés jusqu'à maintenant de passer de Jésus à l'âge de douze ans au Jésus de la Passion? Ce faisant, le pape Jean-Paul II nous invite à méditer d'autres mystères de la vie de Jésus, ceux que nous désirons, en compagnie de Marie sa Mère et notre Mère. Pour vous donner un peu le goût de lire cette magnifique lettre, voici quelques extraits tirés du début de la lettre :

« *Avec le rosaire, le peuple chrétien se met à l'école de Marie, pour se laisser introduire dans la contemplation de la beauté du visage du Christ et dans l'expérience de la profondeur de son amour. Par le Rosaire, le croyant puise d'abondantes grâces, les recevant presque des mains mêmes de la Mère du Rédempteur.*

... Moi-même, je n'ai négligé aucune occasion pour exhorter à la récitation fréquente du Rosaire. Depuis mes plus jeunes années, cette prière a eu une place importante dans ma vie spirituelle. Le Rosaire m'a accompagné dans les temps de joie et dans les temps d'épreuve. Je lui ai confié de nombreuses préoccupations. En lui, j'ai toujours trouvé le réconfort. Il y a vingt-quatre ans, le 29 octobre 1978, deux semaines à peine après mon élection au Siège de Pierre, laissant entrevoir quelque chose de mon âme, je m'exprimais ainsi: « Le Rosaire est ma prière préférée. C'est une prière merveilleuse. Merveilleuse de simplicité et de profondeur. [...] Que de grâces n'ai-je pas reçues de la Vierge Sainte à travers le rosaire au cours de ces années: Magnificat anima mea Dominum! Je désire faire monter mon action de grâce vers le Seigneur avec les paroles de sa très sainte Mère, sous la protection de laquelle j'ai placé mon ministère pétrinien: Totus tuus! »

Chers amis, sortons nos chapelets de nos tiroirs, sortons-les de nos poches, récitons le chapelet; écoutons notre Mère du ciel qui nous a si souvent implorés de prier le chapelet. Une telle insistance ne peut s'expliquer que par le fait que Marie connaît très bien toutes les grâces qu'Elle obtiendra à ceux et celles qui prieront le chapelet. En cette **journée mondiale de la Paix**, rappelons-nous les nombreuses fois (*surtout lors des apparitions à Fatima en 1917*) où Marie notre Mère nous a dit : « *Priez le chapelet et vous obtiendrez la paix.* » Le pape dans sa lettre nous fait part d'une de ses inquiétudes : il craint que cette prière mariale par excellence ne vienne à disparaître un jour. Je crois qu'il a raison d'être inquiet sur ce point. Ne permettons pas que le chapelet disparaisse de notre tradition chrétienne et catholique. Prions le chapelet, enseignons-le aux gens qui ne connaissent pas encore cette prière. En agissant ainsi, nous serons vraiment des artisans de paix.

22) Dimanche 8 janvier 2012
Épiphanie 2012

Nous célébrons aujourd'hui l'Épiphanie 2012. Le mot épiphanie est un mot d'origine grecque qui veut dire « **manifestation** ». Dieu se manifeste aujourd'hui comme le sauveur de tous. Aux bergers, il s'était manifesté par des anges, comme le sauveur d'Israël. Aujourd'hui, il se manifeste aux sages venus d'Orient, au moyen d'une étoile. C'est la logique de Dieu de se manifester. Dieu aime à se manifester. Et pourtant, nous expérimentons souvent le contraire : on dirait que Dieu joue à la cachette avec nous; qu'Il se plaît à se cacher. Personnellement, je crois qu'Il se plaît à se manifester. Mais pour percevoir les manifestations de Dieu, il faut souvent avoir un cœur pur et un cœur humble. Je ne sais pas si les bergers dans les champs près de Béthléem avaient un cœur pur; on dit souvent que les bergers de l'époque avaient mauvaise réputation. Mais je suis certain qu'ils avaient un cœur humble. Quant aux sages venus d'Orient, je ne serais pas du tout surpris qu'ils aient eu un cœur à la fois pur et humble.
L'Épiphanie est pour moi une fête emblématique, une fête inclusive, une fête genre. J'aime à célébrer aujourd'hui toutes les manifestations de Dieu dans ma vie et dans la vie de tous ses enfants. Je veux aussi remercier le Seigneur d'avoir permis que quelques fois durant ma vie, et même plusieurs fois, j'aie été un ange pour mes frères et sœurs humains, ou une étoile pour eux. Un ange pour les aider, les secourir; ou une étoile pour les guider. Et je suis convaincu que vous, qui me lisez en ce moment, vous avez été un jour ou l'autre un ange de Dieu pour quelqu'un, une étoile dans la vie de quelqu'un; et même plusieurs fois. Ces jours-ci, Dieu nous a envoyé un ange : il se nomme Benjamin Breedlove. Ce jeune homme de 18 ans est mort le jour de Noël 2011. Quelques jours avant sa mort, il a voulu raconter au monde entier son histoire, l'histoire de sa vie. Il l'a fait au moyen de petits cartons qu'il mettait devant nos yeux sur *You Tube*. Depuis qu'il était tout jeune, il a eu de sévères problèmes au cœur. Trois fois il a déjoué la mort; trois fois il a failli mourir. Sur ses petits cartons, il nous décrit les expériences qu'il a vécu à plus d'une reprise à l'approche de la mort; en particulier l'expérience d'une lumière différente de toutes les lumières, une lumière

qui apportait une paix à nulle autre pareille. Et Ben termine sa deuxième vidéo en nous demandant si nous, nous croyons aux anges ou à Dieu? Et il répond : « **Moi oui** ». J'ai été voir sur un site internet les réactions de ceux et celles qui ont vu et lu le témoignage de Benjamin. La grande majorité des personnes qui s'expriment, s'adressent à Benjamin comme s'il était encore vivant en ce monde et lui disent qu'elles croient tout à fait à ce qu'il dit et à ses expériences à l'approche de la mort. Benjamin est pour moi un ange que le Seigneur nous a envoyé à la veille de Noël. Il faut que vous alliez voir ses deux dernières vidéos. C'est très facile à trouver sur l'internet. Benjamin littéralement « *rayonne* » sur les vidéos; spécialement lorsqu'il sourit, mais aussi lorsqu'il devient triste. La première phrase de la *Parole de Dieu* d'aujourd'hui était tirée du prophète Isaïe et disait : « ***Debout, Jérusalem, resplendis*** *: elle est venue ta lumière, et la gloire du Seigneur s'est levée sur toi.* » Voilà le message essentiel de la fête de l'Épiphanie : « ***Debout, Guy*** (*daigne aussi mettre ton prénom*), *resplendis* »; « *debout, Guy, rayonne* ».

Ces jours-ci, une bonne amie me faisait part de ce qu'elle a vécu dernièrement. Cette amie est religieuse. Elle vit dans un couvent. Dans ce couvent, une des religieuses ne va vraiment pas bien depuis quelque temps. Elle est malade et complètement désorientée. On a dû lui dire qu'elle devait déménager et s'en aller à l'infirmerie générale. Cette pauvre religieuse n'accepte pas du tout cette décision. Le matin du départ, elle était dans sa chambre, très agitée et la responsable était incapable de lui faire entendre raison. Mon amie religieuse passait à cet instant dans le corridor. La responsable s'adresse alors à mon amie et lui dit : "*Jeanne* (non fictif ; par respect j'ai changé son prénom) *ne veut pas partir et je ne sais pas quoi faire.*" Voici comment mon amie religieuse m'a raconté sa réaction : « *Vite j'ai fait un regard dans mon coeur et j'ai dit au Seigneur de m'accompagner. Je suis entrée dans la chambre, j'ai vu son regard un peu en colère, j'ai mis mes deux mains sur ses épaules et lui ai parlé très doucement en lui disant: " Ne regarde plus ce qui reste dans la chambre et qui t'inquiète, J'y verrai. Descends; tes deux compagnes t'attendent en bas. J'irai te voir à l'infirmerie."* *Elle m'a regardée et m'a dit: "* **Tes deux mains sont comme celles d'un ange et cela me calme. Alors, bonjour et à bientôt."** *L'autre Sœur n'en revenait pas...* » Comme ce témoignage est beau ! Ce qui me frappe surtout, c'est le geste accompagné de la parole. D'abord le geste. Ces deux mains posées sur la personne troublée ont eu l'effet d'un baume. C'est le toucher qui touche le plus. « *Élémentaire mon cher Watson* », me direz-vous! C'est vrai que comme lapalissade, on ne peut guère faire mieux. Mais tous connaissent la vertu bénéfique du toucher; les enfants plus que tous. Quoi de mieux pour apaiser un nouveau-né, que de le faire reposer sur le sein de sa mère ! Jésus se plaisait à guérir par le toucher et par la parole. Je souhaite à chacun et chacune d'entre vous d'être une « *épiphanie* » pour les autres, de « *manifester* » de plus en plus la bonté de Dieu à vos semblables. « **Debout, resplendissons !** »

23) Mercredi 11 janvier 2012
Le chapelet 101 (*première partie*)

Au jour de l'an de cette année 2012, j'ai exprimé le désir que chacun et chacune de nous découvre l'importance de prier le chapelet tous les jours. Je vous ai dit que dans mon cas, je crois que le chapelet est un instrument efficace de sanctification personnelle. Quelqu'un pourrait me dire : « *Oui, c'est peut-être vrai pour toi, pour ta sanctification personnelle; mais peut-être pas pour ma sanctification personnelle. Il ne faudrait pas que tu penses que ce qui est bon pour toi, soit nécessairement bon pour moi.* » Voilà une remarque très intéressante. Il est important de comprendre que le chapelet a deux buts : la sanctification personnelle et l'apostolat. Le premier apostolat est et sera toujours l'apostolat de la prière. Quand Jésus a abordé un jour la délicate question des vocations, il n'a fait allusion qu'à un seul moyen d'en obtenir : « *Priez le Maître de la moisson d'envoyer des ouvriers pour sa moisson.* » (Mt 9,38). Voilà ce que j'appelle l'apostolat de la prière; la prière est un véritable apostolat. Il est très important de considérer l'aspect apostolique du chapelet. Peut-être bien que ta sanctification personnelle ne dépend pas de cette forme de prière, mais plutôt de d'autres formes de prière. Cela peut être très vrai. Mais il faut savoir que si la Vierge Marie nous a demandé si souvent, à nous ses enfants, de prier le chapelet « **chaque jour** », c'est aussi dans un but apostolique. La Sainte Vierge sait très bien toutes les grâces que nous pouvons obtenir « **pour le monde** » grâce à la prière du chapelet. D'ailleurs, combien de fois notre Mère du ciel nous a-t-elle dit : « *Dites le chapelet tous les jours et vous obtiendrez la paix* » ? Cette phrase, Marie l'a dite et répétée en particulier aux enfants de Fatima en 1917, en pleine guerre mondiale. Personnellement, je suis convaincu que quiconque prie le chapelet, reçoit de grandes grâces de paix pour sa propre vie, mais aussi pour la vie de nombreuses autres personnes à travers le monde.

Lorsque j'avais une vingtaine d'années, j'ai pris la résolution de prier le chapelet tous les jours. Ma vie a alors radicalement changé. Chaque jour je me mettais à genoux dans ma chambre, au sous-sol de la rue Raymond Casgrain, à Québec, et je priais le chapelet. Je priais le chapelet devant une statue de *Notre Dame de la Confiance* (*la Vierge Marie, sous ce titre, est représentée d'une façon spéciale*). J'ai toujours cette statue avec moi, ici, dans ma chambre à Montréal. Je vais vous faire une confession publique, en quelque sorte. Lorsque j'étais adolescent, j'avais cette même statue dans ma chambre. Mais j'étais embarrassé que la Vierge Marie soit si en vue dans ma chambre, spécialement à la pensée de ce que pourraient penser ou dire mes amis en la voyant. J'ai donc pris la statue et je l'ai mise dans un tiroir de la pièce voisine qui était destinée à la visite, à la très rare visite. La pauvre statue est demeurée de longues et nombreuses années dans cette chambre sombre, au fond d'un tiroir encore plus sombre. Elle en est sortie quelques années plus tard pour trôner cette fois bien en vue sur mon bureau, dans ma chambre du sous-sol de la rue Raymond Casgrain et elle continue d'être bien en vue pour quiconque me rend visite dans mes appartements à Montréal. C'est ma façon de réparer, en quelque sorte, le manque de délicatesse, d'attention et d'amour que j'ai eu par le passé envers notre Mère du ciel si aimante, si généreuse et si douce. Heureusement que Marie est la personne la plus humble qui soit; après Dieu, bien sûr. Je sais très bien qu'Elle ne m'en veut pas et qu'elle me pardonne ces manques d'amour.

24) Vendredi 13 janvier 2012
Le chapelet 101 (*suite*)

Des personnes m'ont demandé ces jours-ci de leur enseigner comment prier le chapelet. J'avoue que de telles demandes me réjouissent. J'ai l'impression d'être utile à quelque chose. Si je puis donner le goût aux gens de prier le chapelet, j'aurai fait une œuvre merveilleuse.

Comment prier le chapelet :
Je commencerai par vous partager mon expérience personnelle. J'ai déjà écrit, dans un précédent texte, que ma vie a été complètement changée à partir du moment où j'ai mis le chapelet dans ma vie quotidienne. J'avais alors une vingtaine d'années. J'avais déjà prié le chapelet en famille, étant plus jeune. Je me souviens de ces débuts de soirée où toute la famille était réunie dans la cuisine, à genoux, pour la récitation du chapelet grâce à la transmission radiophonique. Vers l'âge de vingt ans, je priais le chapelet seul, dans ma chambre, aux pieds d'une statue de la Vierge Marie. Ma façon de prier le chapelet à l'époque était la suivante : je pensais exclusivement aux mots de cette prière; spécialement aux mots du *Je vous salue Marie*. La première partie du *Je vous salue Marie* est tirée des évangiles. Les premiers mots sont les mots mêmes de l'ange Gabriel à Marie; suivent les mots qu'Élisabeth a dits à Marie lorsque celle-ci rendit visite à sa cousine. La deuxième partie des *Ave Maria* consiste à invoquer le secours de la prière de Marie pour nous pécheurs maintenant et à l'heure de notre mort. Je me souviens que prier le chapelet en pensant simplement aux mots, me faisait un très grand bien.

Quelques années plus tard, j'entrais dans la communauté des Oblats de la Vierge Marie, à Rome. J'avais à l'époque des confrères venant des États-Unis qui ont eu le don de me mettre en crise en apprenant la façon dont je priais le chapelet. Ces confrères étaient stupéfaits de constater que je ne méditais pas les mystères du rosaire. J'ai alors appris à mes dépens qu'il existe une autre façon de prier le chapelet, une façon privilégiée de prier le rosaire : il s'agit de méditer le chapelet. Ce fut une épreuve pour moi d'apprendre cela; j'ai eu l'impression d'avoir erré pendant des années en priant le chapelet d'une autre manière, sous une autre forme, en quelque sorte. Suite à cette découverte, j'ai même perdu le goût en quelque sorte de prier le chapelet. C'est stupide, mais c'est ainsi. J'ai quand même tiré une leçon de tout cela : peu importe la façon dont nous prions le chapelet, ce sera toujours une immense grâce de le prier. Prions-le comme on veut, mais prions-le.
Il est vrai toutefois que méditer le chapelet est la façon privilégiée de faire cette prière. C'est ce que les papes nous encouragent à faire. Nous n'avons qu'à lire la magnifique lettre du pape Jean-Paul II sur le rosaire pour nous convaincre de cela. Le

chapelet nous permet de méditer la vie de Jésus en compagnie de Marie, sa Mère et notre Mère. Traditionnellement, le rosaire comportait quinze dizaines de chapelet, soit trois chapelets de cinq dizaines chacun. Les cinq premiers mystères du rosaire sont appelés *les mystères joyeux*; les cinq autres, *les mystères douloureux* et les derniers : *les mystères glorieux*. Pendant que nous méditons un de ces mystères, les *Ave Maria* nous servent en quelque sorte de musique de fond. Quelqu'un me disait dernièrement : « *comme un mantra* ». Oui, c'est tout à fait cela. Les mots répétés sont un soutien à la prière.

25) Vendredi 13 janvier 2012
Le chapelet 101 (*fin*)

Voici quels sont les cinq **mystères joyeux** : premier mystère joyeux : *l'Annonciation* : l'archange Gabriel demande à Marie si elle accepte devenir la Mère de Dieu; deuxième mystère joyeux : *la Visitation* : Marie rend visite à sa cousine Élisabeth; troisième mystère joyeux : *la naissance de Jésus*; quatrième mystère joyeux : *la présentation de Jésus au Temple*; cinquième mystère joyeux : *le recouvrement de Jésus au Temple, à l'âge douze ans*. L'idéal est de bien connaître ce que dit la *Parole de Dieu* sur chacun de ces mystères. La personne qui prie, pensera, méditera sur ce qui s'est passé durant ce mystère : elle verra en imagination les lieux et les personnes, entendra ce que les principaux personnages disent, verra ce qu'ils font, etc. C'est en cela que consiste « **la méditation d'un mystère du rosaire** ». On ne peut alors que retirer pour nous-mêmes les fruits du mystère. Les *Ave Maria* accompagnant notre méditation qui se vit avec Marie et sous sa maternelle influence.

Les cinq **mystères douloureux** sont : premier mystère douloureux : *l'agonie de Jésus dans le jardin des oliviers*; deuxième mystère douloureux : *la flagellation de Jésus*; troisième mystère douloureux : *le couronnement d'épines*; quatrième mystère douloureux : *le portement de la croix*; cinquième mystère douloureux : *la mort de Jésus sur la croix*.

Les cinq **mystères glorieux** sont : premier mystère glorieux: *la résurrection de Jésus*; deuxième mystère glorieux: *l'Ascension de Jésus au ciel*; troisième mystère glorieux: *la venue du Saint-Esprit sur Marie et les apôtres*; quatrième mystère glorieux : *l'Assomption de la Vierge Marie au ciel*; cinquième mystère glorieux : *le couronnement de Marie, Reine du ciel et de la terre*.

Le pape Jean-Paul II, dans sa lettre sur le rosaire, a eu l'idée géniale d'ajouter cinq autres mystères, qu'il a qualifié de « *mystères lumineux* » : premier mystère lumineux : *le baptême de Jésus*; deuxième mystère lumineux : *les noces à Cana, en Galilée*; troisième mystère lumineux : *Jésus qui annonce partout le Royaume de Dieu et appelle à la conversion*; quatrième mystère lumineux : *la transfiguration de Jésus sur la montagne*; cinquième mystère lumineux : *l'institution de l'eucharistie*. En agissant ainsi, le pape Jean-Paul II nous invite à méditer en compagnie de la Vierge Marie, d'autres mystères lumineux de la vie publique de Jésus, selon notre choix. Le chapelet s'ouvre ainsi à l'infini, en quelque sorte. De plus, le pape nous invite à prier les mystères joyeux les lundis et les samedis; les mystères lumineux les jeudis; les

mystères douloureux, les mardis et les vendredis; les mystères glorieux les mercredis et les dimanches (*Rosarium Virginis Mariae*, no. 38)
Traditionnellement, nous commençons la prière du rosaire par le signe de la croix et la récitation du **Credo** (le «*Je crois en Dieu*»). Le *Credo* ne figure pas matériellement sur le rosaire, mais certaines personnes disent cette prière en tenant le crucifix que l'on retrouve sur chaque chapelet. Viennent ensuite un **Notre Père,** trois **Je vous salue Marie** et un **Gloire au Père.** Souvent ces prières initiales sont dites aux intentions du pape. Viennent ensuite les cinq dizaines de chapelet. À la fin de chaque dizaine, nous disons un **Gloire au Père**; il n'y a pas de grain sur le chapelet pour les **Gloire au Père.** J'espère que ces informations sur le chapelet ou le rosaire vous ont été utiles et vous encourageront à mettre cette prière mariale par excellence dans votre vie. **Bonne prière !**

Annexe :

Je désire terminer ces considérations sur le chapelet en citant les dernières paroles du pape Jean-Paul II dans sa lettre sur le rosaire (*Rosarium Virginis Mariae*) :
« *Chers frères et sœurs! Une prière aussi facile, et en même temps aussi riche, mérite vraiment d'être redécouverte par la communauté chrétienne.* ...
Je me tourne vers vous, frères et sœurs de toute condition, vers vous, familles chrétiennes, vers vous, malades et personnes âgées, vers vous les jeunes: reprenez avec confiance le chapelet entre vos mains, le redécouvrant à la lumière de l'Écriture, en harmonie avec la liturgie, dans le cadre de votre vie quotidienne. Que mon appel ne reste pas lettre morte! »

26) Dimanche 22 janvier 2012
Convertissez-vous !

La Parole de Dieu d'aujourd'hui, en ce troisième dimanche du temps ordinaire se résume en ces deux mots : « *Convertissez-vous* ». En saint Marc, Jésus commence sa prédication par ces mots : « *Les temps sont accomplis, le règne de Dieu s'est approché. Convertissez-vous et croyez à la Bonne Nouvelle* » (Mc 1, 15). La conversion se vit à plusieurs niveaux ; un de ces niveaux, c'est notre esprit; on doit convertir nos idées. C'est cela que Jésus demande ici en premier : changez d'idée sur Dieu ; croyez que je suis la Bonne Nouvelle, croyez qu'en moi, le Royaume de Dieu s'est approché, s'est fait proche. Changer d'idée, ce n'est pas facile, et ce, à tous les âges de la vie. Un jour un homme se promène sur la rue et voit quelqu'un venir vers lui. Il lui dit : « *Salut Jean-Paul, tu as bien changé ! Tu mesurais six pieds deux pouces et maintenant tu ne fais même pas cinq pieds six pouces ! Tu avais les yeux noirs et maintenant tu as les yeux bleus ! Jean-Paul, tu as bien changé !* » L'autre lui dit : « *Je ne m'appelle pas Jean-Paul, mais Louis.* » Le premier répond : « *Non, tu n'as pas changé de nom aussi !* » Cette petite histoire humoristique montre à quel point certaines personnes tiennent à leurs idées et à quel point il est parfois difficile, voire impossible, de les faire changer d'idées.

Un autre niveau de la conversion est celui du cœur. Par cœur, j'entends ici la personne en son entier, régie par la loi morale. L'être humain est régi par une loi naturelle et une loi divine qui lui viennent de Dieu. Ces lois peuvent se résumer ainsi : fais le bien et évite le mal. Il est souvent très difficile d'admettre qu'on agit mal ; et il est très difficile, une fois que l'on admet avoir mal agi, de se corriger, de s'amender. Et si un jour on élimine Dieu de notre vie, le grand danger, c'est d'en venir à penser que nous ne faisons rien de mal. D'ailleurs les mots que j'ai mis comme titre à ce texte, les mots « *convertissez-vous* », ce n'est pas moi qui vous les dis, c'est Dieu dans sa Parole d'aujourd'hui. Mais si je n'entends jamais Dieu me dire : « *convertis-toi* », j'en viendrai un jour à croire que je n'ai pas besoin de conversion. Quand j'ai décidé de devenir prêtre, j'ai quitté le Québec pour entrer dans une communauté religieuse qui n'existait pas ici au Canada. Je me suis expatrié durant neuf ans. J'ai donc perdu de vue mes amis et connaissances. De retour au Québec, je rencontre un type que je connaissais un peu pour avoir fait du sport avec lui. Il voit que je suis prêtre. Il en est tout étonné et une des premières phrases qu'il me dit est celle-ci : « *Moi, je ne fais rien de mal* » J'ai été vraiment étonné de cette phrase-là. Pourquoi m'a-t-il dit cela ? C'est vraiment étonnant. Je ne l'avais pourtant pas interrogé sur sa conduite. Faut croire que la seule vue d'un prêtre nous amène à poser un regard, même furtif, sur notre conduite. Vous savez quoi ; je crois que cet homme était tout à fait sincère quand il disait « *moi, je ne fais rien de mal* ». Mais je crois aussi qu'il était tout à fait dans l'erreur en disant cela. Je suis sûr que cet homme aurait des choses à changer s'il laissait Dieu entrer dans sa vie et l'éclairer. Quelqu'un a dit un jour : « *nous vivons dans un drôle de monde où les pécheurs se reconnaissent saints et les saints se reconnaissent pécheurs* ». Voilà une belle façon de dire les choses. Si vous êtes dans votre appartement et que les rideaux sont fermés, si vous êtes dans les ténèbres, vous ne verrez pas la poussière et la saleté. Mais laissez entrer la lumière et vous verrez ce qui ne va pas. Saint Jean ne cesse de dire que le péché, c'est les ténèbres et que vivre en Dieu, c'est la lumière.

Pour nous inviter à la conversion, l'Église nous propose aujourd'hui un extrait du livre de Jonas. Dieu dit à Jonas : « *Lève-toi, va à Ninive la grande ville païenne et proclame le message que je te donne pour elle : ... Encore quarante jours et Ninive sera détruite.* » Le livre de Jonas est un livre très court ; quatre chapitres seulement : deux pages et demie dans votre Bible. Il vaut la peine d'aller lire ce livre et de le méditer. La Bible doit être considérée comme une bibliothèque comportant une multitude de livres et une multitude de rayons. Il y a les livres dits historiques, les livres prophétiques, les livres sapientiaux. Le livre de Jonas est considéré comme un livre prophétique. Cela peut semer la confusion car il faut savoir que Jonas, contrairement aux prophètes Isaïe, Jérémie, Ézéchiel, etc, n'a jamais existé. En fait, le livre de Jonas s'apparente davantage aux livres sapientiaux. On sait que c'est un conte, une histoire inventée. Jonas dans la baleine, cela n'a jamais existé. Le livre de Jonas est un vibrant appel à la conversion. Dieu envoie Jonas dans la ville païenne pour réveiller les gens de leur torpeur. Et le message est clair : « *si vous ne changez pas de vie, la ville sera détruite* ». On devine que les comportements moraux de plusieurs habitants de Ninive étaient contraires à la loi divine. Mais il fallait quelqu'un pour les réveiller de leur torpeur. Cette menace venant d'un Dieu bon peut nous surprendre aujourd'hui et nous scandaliser. Or, lorsqu'on lit le livre de Jonas, on se rend compte que ce qui scandalisait le prophète Jonas, ce n'était pas la menace que Dieu faisait peser sur les habitants de Ninive mais plutôt la bonté de Dieu. Jonas a commencé par fuir la volonté de Dieu. Ayant reçu la mission de Dieu, il a pris un bateau dans la direction opposée à Ninive. Vers la fin du livre, Jonas dit ceci : « *Ah ! Yahvé, n'est-ce point là ce que je disais lorsque j'étais encore dans mon pays ? C'est pourquoi je m'étais d'abord enfui à Tarsis ; je savais en effet que tu es un Dieu de pitié et de tendresse, lent à la colère, riche en grâce et te repentant du mal.* » (Jon 4, 2) Jonas savait très bien que Dieu ne mettrait pas sa menace à exécution ; c'est pour cela qu'il n'a pas voulu, dans un premier temps, aller à Ninive.

L'appel à la conversion doit s'entendre à la lumière de d'autres paroles de Jésus telles que celles-ci : « *Je suis venu pour que les hommes aient la vie et qu'ils l'aient en abondance.* » (Jn 10, 10) « *Car Dieu n'a pas envoyé son Fils dans le monde pour juger le monde, mais pour que le monde soit sauvé par lui.* » (Jn 3, 17). Remercions Dieu de tout faire pour nous réveiller, pour nous convertir. Il est bon, lorsqu'on parle de conversion, de regarder les endroits où cet appel est le mieux entendu. Cela peut nous encourager. Personnellement, je considère qu'un des endroits où l'appel à la conversion est le mieux entendu, c'est au sein du mouvement des alcooliques anonymes. Vous savez comme moi, j'imagine, à quel point il est difficile de faire admettre à un ou une alcoolique qu'il ou elle est malade. Comme cela prend du temps à un alcoolique d'admettre son problème, sa maladie ! Si un alcoolique admet sa maladie et désire s'en sortir, souvent il se dirige (*ou on le dirige*) vers les AA. Or une des étapes cruciales du cheminement des AA, est d'admettre que la personne alcoolique ne pourra pas s'en sortir seule, sans l'aide d'une force supérieure à elle, force qui de fait se nomme Dieu. Les AA sont alors invités à mettre leur confiance et leur espérance en ce Dieu tel qu'ils le conçoivent. Et cela fonctionne ; en se remettant librement à Dieu, ils reçoivent la force d'en haut et parviennent à vivre sobres. Voilà qui est très intéressant : dans le domaine de la conversion, le grand rôle est toujours joué par Dieu. C'est Dieu qui convertit les cœurs. Il s'agit pour nous de demander instamment à Dieu de nous convertir. Cela restera toutefois toujours un combat, une lutte. Et une lutte de tous les jours. Comme il fait bon entendre une personne dire qu'elle n'a pas bu une goutte d'alcool depuis dix ans, quinze ans, vingt ans ! Or cela s'est fait au jour le jour, un jour à la fois. **Et vous, cher ami, chère amie, quel est votre combat ?** Je suis convaincu que la plupart des êtres humains ont un combat à mener durant leur vie sur cette terre ; qu'ils ont une difficulté à vivre sur le plan de l'agir moral ; que cette difficulté leur est propre et tout à fait particulière ; que ce combat se vivra chaque jour jusqu'à leur mort ; et que seulement Dieu pourra les mettre sur le chemin de la lumière. « *Ma grâce te suffit* » (2 Cor 12, 9) a dit Jésus à saint Paul qui lui demandait d'enlever le problème principal dans sa vie de chrétien. **Remercions Dieu pour ses appels à la conversion; pour ses appels à la vie.**

27) Samedi 28 janvier 2012
Péchés et conversion de David

Hier et aujourd'hui (*vendredi et samedi*), l'Église nous propose comme premières lectures à la messe, le récit des péchés de David et de sa conversion. Ce récit est un des plus impressionnants de toute la Bible. C'est le cardinal Carlo Maria Martini, alors qu'il était archevêque de Milan, qui m'a fait découvrir la beauté de ces textes. Le cardinal Martini a souvent parlé des péchés de David et de sa conversion lors de ses retraites et dans ses livres. Voici les réflexions que je vous propose sur ces textes, réflexions influencées bien sûres par les méditations du cardinal Martini.

Les textes liturgiques de ces deux derniers jours sont tirés du deuxième livre de Samuel, au chapitre 11. Mais pour en comprendre toute la portée, il faudrait avoir lu aussi le premier livre de Samuel. Les deux livres de Samuel nous racontent la vie de David et nous montrent à quel point cet homme était admirable. Ce n'est pas pour rien que Dieu fait savoir au prophète Samuel qu'Il a trouvé un remplaçant au roi Saül en la personne de David : « *un homme selon Son cœur* (selon le cœur de Dieu). Voici comment le Seigneur parle de David dans *Les Actes des Apôtres* écrits par saint Luc: « *J'ai trouvé David, fils de Jessé, un homme selon mon cœur, qui accomplira toutes mes volontés.* » (Actes, 13, 22)

Le premier livre de Samuel et une bonne partie du deuxième livre de Samuel nous montrent à quel point David était un homme juste. C'est pour cette raison qu'il sera tellement déconcertant de voir le roi David commettre deux péchés très graves aux yeux de Dieu : l'adultère et le meurtre prémédité. Il ne fait aucun doute dans mon esprit que la raison pour laquelle Dieu a voulu mettre ces faits dans les Saintes Écritures, c'est pour nous avertir que tout être humain est pécheur et donc susceptible de commettre les pires abominations, si les circonstances se présentent. Voyons un peu comment David est tombé dans le piège, « *dans le panneau* » comme on dit ici au Québec. D'ailleurs, un des titres que le cardinal Martini donne à un chapitre sur les péchés de David est précisément celui-ci : **le piège**. Le chapitre 11 du deuxième Livre de Samuel commence ainsi : « *Au retour de l'année, au temps où les rois se mettent en campagne, David envoya Joab et avec lui sa garde et tout Israël : ... Cependant David restait à Jérusalem.* ». **Première erreur** : David aurait dû aller lui-même faire la guerre; il était en pleine forme et Dieu lui faisait vaincre tous ses ennemis. Pourquoi a-t-il laissé aller Joab à sa place? Lorsqu'on manque à son devoir d'état, on risque de se mettre dans le pétrin.

Le texte biblique continue : « *Il arriva que, vers le soir, David, s'étant levé de sa couche et se promenant sur la terrasse du palais, aperçut, de la terrasse, une femme qui se baignait. Cette femme était très belle. David fit prendre des informations sur cette femme, et on répondit : « Mais c'est Bethsabée, fille d'Éliam et femme d'Urie le Hittite! » Alors David envoya des émissaires et la fit chercher. Elle vint chez lui et il coucha avec elle.* » **Deuxième erreur** : le grand roi David, sûr de lui-même et convaincu de sa vertu a dû se dire : « *Une personne équilibrée comme moi et vertueuse comme je le suis peut certainement se permettre un regard ou même* *quelques regards sur cette femme qui prend son bain* ». Ce faisant, tout l'homme pécheur en lui s'est mis en branle. Il s'est mis à désirer cette femme et puisqu'il a tous les pouvoirs (*ou croit avoir tous les pouvoirs*), il fait venir cette femme au palais et couche avec elle. Voilà l'adultère pur et simple car on lui a très bien dit que cette femme était l'épouse d'un autre. Tout a commencé par ce qu'on peut appeler une « *curiosité malsaine des yeux* »; quelque chose d'assez anodin en soi. Mais Jésus ne nous a-t-il pas avertis : « *Qui est fidèle en très peu de chose est fidèle aussi en beaucoup, et qui est malhonnête en très peu est malhonnête aussi en beaucoup.* » (Lc 16, 10). Quelques jours plus tard, Bethsabée fait savoir à David qu'elle est enceinte. Ah, là les choses se corsent. Cela n'était pas prévu. On sait bien que certains gestes peuvent entraîner certaines conséquences mais dans le feu de l'action et de la passion, on oublie facilement cette vérité. C'est alors que le grand David deviendra vraiment ignoble. Il ne faut surtout pas que les gens apprennent l'origine de cet enfant. Il faut tout cacher au peuple. David est de plus en plus envahi par les ténèbres. Saint Jean l'évangéliste ne cesse de nous dire que le péché, c'est les ténèbres. Peu de passages de la Bible le montrent aussi clairement que celui-ci. Alors David, pour se déprendre de tout cela, pour sauver son honneur et sa réputation, ira jusqu'au meurtre; et au meurtre très bien calculé. Je vous invite à aller lire le passage dans votre Bible car je dois ici couper au plus court. David demande à Joab de lui renvoyer Urie. Ce dernier arrive à Jérusalem et malgré toutes les tentatives faites par David pour qu'Urie aille coucher chez lui et puisse penser un jour qu'il est le père de l'enfant, Urie couche aux portes du palais. Alors David écrit une lettre à Joab lui demandant de mettre Urie à l'endroit le plus dangereux de la bataille et de retirer les troupes pour être certain qu'Urie meure. Le saint roi David remet la lettre à Urie sans que ce dernier ne puisse se douter qu'il portera son arrêt de mort au commandant Joab. Ce dernier exécute les ordres et Urie est tué.

On vient apprendre à David que son ami et fidèle sujet Urie est mort. David feint la tristesse et prend Bethsabée pour épouse. Si on avait dit à David quelques jours plus tôt, qu'il commettrait l'adultère et le meurtre prémédité, il ne l'aurait jamais cru. Le cardinal Martini nous dit que David a fait l'expérience de la fragilité humaine. Le cardinal Martini établit aussi un lien entre les péchés de David et les phrases suivantes de Jésus :

« Ce qui sort de l'homme, voilà ce qui rend l'homme impur. » Il disait encore à ses disciples, à l'écart de la foule : « C'est du dedans, du cœur de l'homme que sortent les pensées perverses : inconduite, vols, meurtres, adultères, cupidités, méchancetés, fraude, débauche, envie, diffamation, orgueil et démesure. Tout ce mal vient du dedans, et rend l'homme impur. »(Mc 7, 15b. 21-23)

Lorsque j'ai lu les commentaires du cardinal Martini sur les péchés de David, j'ai réalisé de façon tout à fait dramatique et inattendue que je possédais dans mon cœur **les douze péchés** qu'énumère Jésus dans le texte ci-dessus. Avant de lire le commentaire du cardinal Martini, j'avais naïvement pensé que je possédais en moi deux ou trois des péchés énumérés par Jésus; et je me sentais somme toute assez bon. Mais une fois éclairé par les réflexions du cardinal, il ne faisait aucun doute dans mon esprit que je possédais ces douze péchés dans mon cœur. Évidemment, je ne veux pas dire que j'ai commis à date ces douze péchés. Je n'ai heureusement pas encore commis de meurtre. Mais je suis sûr de posséder en moi la racine de tous ces péchés et si, par malheur, des circonstances favorables (*ou plutôt défavorables*) se pointaient à l'horizon dans ma vie, je pourrais, hélas, tomber dans le panneau, dans le piège, tout comme David, le roi vertueux par excellence. Si David a pu commettre l'adultère et le meurtre prémédité, Guy Simard peut malheureusement en faire autant. Je considère les douze péchés cités aujourd'hui par Jésus comme étant de petits volcans tapis au fond de mon cœur et qui pourraient à tout moment faire éruption. Car ce que Jésus décrit aujourd'hui, c'est le cœur humain, le cœur de chaque personne humaine, et donc, le cœur de Guy Simard. Il est aussi intéressant de noter que David a tout fait pour que ses péchés soient inconnus des hommes et la terre entière connaît désormais ses péchés; même Guy Simard les connaît. Jésus n'a-t-il pas dit : « *Rien, en effet, n'est voilé qui ne sera révélé, rien de caché qui ne sera connu.* » (Lc 12, 2)

Mais le plus beau dans tout cela, c'est la conversion de David. David est dans les ténèbres; qui le sortira des ténèbres? C'est la Parole de Dieu qui le sortira des ténèbres. C'est toujours la Parole de Dieu qui nous sortira des ténèbres. Cette parole lui viendra du prophète Natan. Dieu dit à son prophète : « *Va dire à David que je sais tout ce qu'il a fait* ». Comme il est parfois difficile et dangereux d'être prophète! Natan a dû se demander comment il dirait cela à David. Or Natan était très brillant; il a inventé une petite histoire (2 Sam 12) où un riche possédait du petit et gros bétail en abondance. Son voisin était pauvre et ne possédait qu'une petite brebis; mais il aimait tellement cette brebis qu'elle couchait dans son lit et mangeait à sa table. Arrive un voyageur chez le riche et ce dernier décide de faire tuer la brebis de son voisin pour la servir en nourriture au visiteur. David entre alors dans une grande colère et s'exclame : « *Cet homme mérite la mort.* » Natan regarde David et lui dit : « *Cet homme, c'est toi.* » Alors les yeux de David s'ouvrent; et son cœur aussi. Et David dit cette phrase admirable : « ***J'ai péché contre le Seigneur.*** » Il ne dit pas : « *J'ai péché contre Urie* » ou encore : « *J'ai péché contre Bethsabée.* ». Il dit : « ***J'ai péché contre le Seigneur.*** ». Voilà l'essence même du péché : une offense faite au Seigneur, à quelqu'un qui nous aime tellement.

Hier et aujourd'hui, la liturgie nous présente comme psaume, le **psaume 50**, psaume communément appelé : le *Miserere*. . Ce n'est pas pour rien que ce psaume est proclamé aujourd'hui. Ce psaume semble sorti tout droit du cœur et des lèvres de David, après son péché. Voici quelques passages de ce psaume :

> Pitié pour moi, mon Dieu, dans ton amour,
> selon ta grande miséricorde, efface mon péché.
> Lave-moi tout entier de ma faute,
> purifie-moi de mon offense.
>
> Oui, je connais mon péché,
> ma faute est toujours devant moi.

Contre toi, et toi seul, j'ai péché,
ce qui est mal à tes yeux, je l'ai fait.
Mais tu veux au fond de moi la vérité ;
dans le secret tu m'apprends la sagesse.

Purifie-moi avec l'hysope, et je serais pur ;
lave-moi et je serais blanc, plus que la neige.
Créé en moi un coeur pur, ô mon Dieu,
renouvelle et raffermis au fond de moi mon esprit.
Rends-moi la joie d'être sauvé ;
que l'esprit généreux me soutienne.

Libère-moi du sang versé, Dieu, mon Dieu sauveur,
et ma langue acclamera ta justice.

Si j'offre un sacrifice tu n'en veux pas,
tu n'acceptes pas d'holocauste.
Le sacrifice qui plaît à Dieu, c'est un esprit brisé ;
tu ne repousses pas, ô mon Dieu, un coeur brisé et broyé.

28) Mardi 7 février 2012
Le 11 février: journée mondiale des malades

Le 11 février, nous célébrerons le vingtième anniversaire de la journée mondiale des malades. C'est le pape Jean-Paul II qui a eu cette merveilleuse idée de dédier une journée spéciale pour les malades. La maladie touchera chacun de nous un jour ou l'autre et qui ne connaît pas dans son entourage immédiat une personne malade et même gravement malade? La maladie est malheureusement une des réalités les plus universelles qui soient. Il était donc normal qu'une journée mondiale des malades soit instituée. Et c'est une fois de plus le grand Jean-Paul II qui en a eu l'intuition et qui l'a réalisée. La date choisie par Jean-Paul II est très symbolique : le 11 février, l'Église universelle célèbre Notre-Dame de Lourdes. Le 11 février 1858, la Vierge Marie apparaissait pour la première fois à la jeune Bernadette Soubirous. Le sanctuaire de Lourdes voulu par Dieu et par Marie reçoit annuellement environ cinq millions de visiteurs, de 130 pays. Ce sont les malades qui sont particulièrement attirés par Lourdes et qui viennent y prier. On nous dit que quoique les guérisons miraculeuses s'y produisent, le plus grand des miracles est que chaque malade retourne chez lui ou chez elle avec un cœur consolé et rempli d'espérance.

Cette année, la journée mondiale des malades est enchâssée entre deux dimanches où l'on voit Jésus guérir des malades. Cela tombe bien. Dimanche dernier, la première lecture nous présentait l'admirable figure biblique qu'est Job. Le livre de Job est le livre biblique par excellence en ce qui a trait à la souffrance. Comme le dit si bien madame Marie-Noëlle Thabut dans ses commentaires des lectures du dimanche, le grand mérite du livre de Job est de bien poser la question de la souffrance et de ne pas se satisfaire des réponses faciles et creuses que les amis de Job ont essayé de lui donner. Devant la souffrance des autres, souvent la meilleure attitude est le silence. Sur son lit de mort, le cardinal Veuillot, archevêque de Paris, disait : « *Nous savons faire de belles phrases sur la souffrance. Moi-même, j'en ai parlé avec chaleur. Dites aux prêtres de n'en rien dire; nous ignorons ce qu'elle est, et j'en ai pleuré.* »

Je ne vous dirai donc pas ce que je pense de la souffrance mais je vais essayer de jeter un tant soit peu de lumière sur la façon dont Dieu voit la souffrance. Pour savoir comment Dieu voit la souffrance, il nous faut regarder Jésus, Dieu lui-même fait homme. Une très grande partie des évangiles est constituée de miracles accomplis par Jésus pour alléger la souffrance et même y mettre fin pour un certain temps. Voilà comment Dieu voit de l'intérieur la souffrance de ses enfants : il ne peut pas en quelque sorte la tolérer. Dieu souffre de voir souffrir ses enfants. Il y a un verbe que les évangiles ne cessent d'employer pour décrire la façon dont Jésus se sentait devant la souffrance des gens; on nous dit que Jésus « *avait pitié des gens* ». Cette traduction n'est vraiment pas très bonne. Il faudrait trouver un moyen de mieux rendre le sentiment que Jésus éprouvait devant la souffrance de ses frères et sœurs humains. Voici comment s'exprime un jeune bibliste de Montréal, M. Sébatien Doane :

« Pitié : Hébreu : **rahamim** ; Grec : **splanchna** ou **éléos.** La *pitié* est un sentiment qui rend sensible aux souffrances. Pour traduire ce concept abstrait, l'hébreu biblique va prendre le mot « *rahamim* » qui veut dire littéralement : le sein maternel, l'utérus ou les entrailles. On en comprend que la *pitié* dans la Bible est comme le lien viscéral entre une mère et l'enfant en elle. Cette image de l'amour plein de tendresse d'une mère pour son fils traduit par *pitié* est utilisée à plusieurs endroits dans la Bible pour décrire le regard de Dieu sur son peuple. Malheureusement avec l'usure, aujourd'hui, les mots *pitié*, *compassion* ou *miséricorde* en français décrivent mal toute l'émotion et l'intimité du mot « *rahamim* » hébreu. Dans le Nouveau Testament, c'est «*splanchna*» qu'on traduit par *pitié*. Littéralement, ce mot veut dire « entrailles ». En grec on dit qu'on a des entrailles pour quelqu'un pour exprimer l'idée d'être ému et d'éprouver un sentiment intense de compassion. À plusieurs reprises, c'est la façon dont on décrit le regard de Jésus pour une personne malade ou une foule. « *En débarquant, il vit une grande foule; il fut pris de pitié* (ému aux entrailles) *pour eux et guérit leurs infirmes.* » (Mt 14, 14) » (1)

(Tiré de : **Pitié** *www.interbible.org/interBible/ecritures/mots/.../mots_100205.html*)

Cette longue citation de Sébastien Doane nous montre à quel point il est utile de connaître le grec et l'hébreu. Sainte Thérèse de l'Enfant-Jésus a dit que si elle avait été prêtre, elle aurait étudié et connu l'hébreu et le grec pour pouvoir lire les Saintes Écritures dans leur langue originale. Cette sainte était vraiment perspicace et illuminée. Malheureusement, nous n'avons pas tous le courage de celle qu'on appelle parfois « la plus grande sainte des temps modernes ». Quoi qu'il en soit, pour exprimer la façon dont Jésus se sentait devant la souffrance, je propose de traduire les

mots : « Jésus eut pitié » par « Jésus fut tout remué au-dedans de Lui ». Ce n'est pas fameux comme traduction, me direz-vous; mais c'est mieux à mes yeux tout au moins.
Je me rends compte que le temps passe et que je ne pourrai pas tout dire sur la façon dont je vois la souffrance en Dieu. Mais je vais quand même prendre le temps de dire ceci : selon moi, la phrase la plus forte et la plus énigmatique que Jésus ait prononcée sur cette terre est celle-ci : « **Élôï, Élôï lama sabachthani ?** » (Mc 15, 34). Nous avons conservé cette phrase dans la langue même de Jésus : l'araméen. N'est-ce pas un signe de l'importance exceptionnelle de cette phrase? En français, nous la traduisons ainsi : « **Mon Dieu, mon Dieu, pourquoi m'as-tu abandonné ?** » Saint Marc nous dit : « **À la neuvième heure, Jésus poussa un grand cri :** « Mon Dieu, mon Dieu, pourquoi m'as-tu abandonné ? » Tous les mots ici sont importants : Jésus poussa un **grand** cri. Comme il a dû être impressionnant ce cri de Notre Seigneur! Je suis sûr que ceux et celles qui l'ont entendu, s'en sont souvenus toute leur vie; à commencer par Marie, sa Mère, debout au pied de la croix. Par cette phrase, Jésus intégrait et présentait au Père tous les « **pourquoi** » de ceux et celles qui souffrent. Tous les pourquoi restés sans réponse; tous les pourquoi qui se perdent dans la nuit, qui se perdent dans l'oubli. Dieu a voulu connaître ce que c'était que de se sentir abandonné et de crier sa souffrance. Il est beau de constater qu'en cette année 2012 au Québec, le thème de la journée mondiale des malades est le suivant : « **Entends le cri de ma prière.** »

Jésus qui toute sa vie avait prié son Père en l'appelant « **Abba** », « papa », expérimente sur la croix l'éloignement de Dieu et ne peut plus que l'appeler « **Mon Dieu, mon Dieu** ». Mais ce sentiment intense d'éloignement disparaîtra quelques minutes avant la mort de Jésus et notre sauveur retrouvera toute sa confiance filiale. Juste avant de rendre l'esprit, il priera ainsi : « **Père** (*Abba*), **entre tes mains, je remets mon esprit.** » (Lc 23, 46) Il semble bien que saint Luc ait voulu montrer que Jésus avant de mourir a retrouvé toute sa confiance envers son Père puisque lui aussi parle de « cri » : « **Jetant un grand cri**, Jésus dit : « **Père, en tes mains je remets mon esprit.** »
Je remercie tous ceux et celles qui consacrent du temps à visiter les malades et à être pour eux un signe efficace de la bonté et de la bienveillance de Dieu notre Père envers tous ceux qui souffrent.

29) Mardi 21 février 2012
Bon et joyeux carême !

Chers amis, dans quelques heures, nous entrerons en carême. Je vous souhaite un saint et fructueux carême. Le carême est un des deux temps forts de l'année. Nous sommes donc invités à devenir plus forts dans la foi, plus constants dans l'amour. Nous commencerons le carême par un jour d'abstinence (*abstention de viande*) et de jeûne. Le jeûne a toujours eu comme but de fortifier notre volonté. Si je me prive volontairement d'un plaisir légitime, je renforce ma capacité de décision. Si je me

prive volontairement de nourriture dans le but de renforcer ma volonté, mon corps pourra en ressortir plus faible, mais mon âme (*l'élément spirituel en moi*) plus forte. Il est important d'exercer sa volonté comme nous exerçons notre corps. La philosophie nous enseigne que l'amour réside dans la volonté; autrement dit, c'est la volonté qui est à la source de l'amour. Notre société est une société qui valorise au maximum le corps; que de sacrifices les gens de notre époque ne font-ils pas pour avoir un corps splendide ou un corps musclé? Si on mettait autant d'énergies à exercer notre volonté, à augmenter notre capacité à renoncer à certaines choses pour mieux aimer, comme notre monde serait plus beau, plus accueillant ! Et comme il ferait bon y vivre ! Le mercredi des cendres, notre Mère l'Église nous fait prier ainsi:
" Accorde-nous, Seigneur, de savoir commencer saintement, par une journée de jeûne, notre entraînement au combat spirituel: que nos privations nous rendent plus forts pour lutter contre l'esprit du mal." (Prière d'ouverture à la messe, appeler aussi: « *la collecte* »)

Et les deux invitatoires (*nom donné à l'antienne que l'on pric en début de journée lors de* « la prière du temps présent » *et qui nous " invite " à la prière*) suggérés par l'Église pour le temps du carême, sont les suivants :
" Les yeux fixés sur Jésus Christ, entrons dans le combat de Dieu." et
" Aujourd'hui, ne fermons pas notre coeur, mais écoutons la voix du Seigneur. "

La vie chrétienne est un combat, un combat sur nous-mêmes, un combat mené avec notre grand ami et Sauveur Jésus. Si on ne sait pas cela de la vie humaine, on ne sait vraiment pas grand chose de la condition humaine. Heureux ceux et celles qui savent cela !!! Et merci à l'Église de nous le rappeler haut et fort, surtout durant le temps du carême.

30) Dimanche 26 février 2012
Premier dimanche du carême :

Chaque premier dimanche du carême, l'Église nous invite à méditer les tentations de Jésus au désert. Cette année, nous lisons saint Marc, magnifique dans sa brièveté :
« Jésus venait d'être baptisé. Aussitôt l'Esprit le pousse au désert. Et dans le désert il resta quarante jours, tenté par Satan. » (Mc 1, 12-13)
Jésus venait d'être baptisé : Jésus a commencé sa mission publique par la réception du baptême des mains de son cousin Jean (*le Baptiste*). Nous aussi avons commencé notre mission en recevant le baptême. Le baptême est au centre des quarante jours du carême. Dans les cathédrales du monde entier, les catéchumènes (*les adultes qui se préparent au baptême*) ont vécu aujourd'hui « *l'appel décisif* ». L'évêque a officiellement et solennellement appelé les catéchumènes au baptême qu'ils recevront lors de la vigile pascale. Le baptême, la vie divine, est le grand cadeau de Pâques. La vie divine, la vie trinitaire nous a été redonnée grâce à la mort et la résurrection de Jésus. Durant quarante jours, les baptisés se prépareront à renouveler leurs promesses baptismales : à renoncer à Satan et à professer leur foi en Dieu et en l'Église. Le lien

avec l'évangile d'aujourd'hui est donc évident. Quarante jours pour se préparer à renouveler de telles promesses, c'est vraiment court. Lorsque deux personnes s'aiment, elles se font souvent des promesses. Les époux, le jour de leur mariage, se promettent de s'aimer toute leur vie, se promettent fidélité. Dans quarante jours, nous promettront à Dieu de vivre comme ses enfants bien-aimés. Ce n'est pas peu que de faire des promesses à Dieu. C'est extraordinaire que de vouloir et pouvoir promettre des choses à Dieu. Comme c'est grand! Demandons à l'Esprit Saint de nous aider à faire ces promesses avec sincérité et vérité.

Aussitôt l'Esprit le pousse au désert : L'Esprit pousse Jésus au désert. Nous avons tous vécu l'expérience un jour d'être poussé par quelqu'un. Lorsqu'on nous pousse, nous ne sommes plus, en quelque sorte, maîtres de nous-mêmes, nous sommes comme forcés de bouger et parfois même de perdre pied. Il y a quelque chose d'irrésistible dans le verbe « *pousser* ». Demandons à l'Esprit Saint de nous *pousser* en carême. Nous ne choisissons pas la date d'entrée en carême; parfois nous trouvons que le carême commence un peu tôt. Oui, demandons à l'Esprit de nous pousser en carême. Il y a de cela quelques années, je fus émerveillé de constater que Jésus a commencé sa vie publique non pas en allant prêcher la bonne nouvelle ou en allant prouver la bonté de Dieu par des miracles, mais bien plutôt en allant se cacher de nouveau pendant quarante jours « *dans le désert* ». Quel enseignement extraordinaire! La vie chrétienne, la vie des baptisés est essentiellement un combat, une lutte. Une lutte sur nous-mêmes. Le plus grand de tous les combats se joue au-dedans de nous. Il se joue au-dedans de nous, dans notre cœur, mais sous l'influence de quelqu'un d'extérieur.

Et dans le désert, il resta quarante jours, tenté par Satan : Il y a vraiment quelque chose de pénitentiel dans le verbe « *rester* » utilisé par l'évangéliste Marc. *Dans le désert il resta quarante jours*. J'imagine que Jésus a eu souvent la tentation de sortir du désert. Le désert est un lieu terrible. J'ai toujours désiré pour ma part, faire l'expérience du désert. J'aimerais beaucoup un jour aller au désert, mais non pas seul et surtout pas durant quarante jours. La chaleur, le vent, le sable, le peu de nourriture, le peu d'eau, sont autant d'éléments qui ne m'attireraient pas à vivre un long séjour au désert. De plus, Jésus savait très bien qu'en allant au désert, Il allait à la rencontre de quelqu'un et de quelqu'un encore plus terrible que le désert lui-même : le prince des ténèbres, le père du mensonge; celui que la bible appelle le Satan, l'adversaire. On pourrait dire l'adversaire avec un grand « A ». Satan n'est pas très à la mode en cette ère postmoderne. Pour plusieurs de nos contemporains, Satan n'est qu'une vue de l'esprit, un être imaginaire sorti tout droit du côté obscur de l'être humain, mais non pas indépendant de lui et extérieur à lui. Voilà l'erreur; voilà la grand victoire moderne de Satan : faire croire à l'être humain du vingt et unième siècle qu'il n'existe pas, qu'il est une fable et une vue de l'esprit.

Et pourtant, le malin est présent du début à la fin de la Parole de Dieu; de la Genèse à l'Apocalypse. La parole de l'homme peut bien nier Satan; mais la Parole de Dieu en affirme haut et fort l'existence. Saint Matthieu va même jusqu'à nous dire que Jésus fut emmené au désert par l'Esprit « ***pour être tenté par le diable*** » (Mt 4,1). Je suis tellement heureux de savoir que Jésus a fait l'expérience de la tentation. Chaque personne a « *ses tentations* ». Il m'est facile d'imaginer que les tentations qu'a vécues Jésus ont dû être à la hauteur de sa stature, c'est-à-dire énormes. À la fin de l'épisode des tentations au désert, saint Luc nous dit que le diable s'éloigna de Jésus «*jusqu'au moment favorable*» (Lc 4,13). Nous savons que ce moment favorable, c'est le début de la Passion de Jésus, dans le jardin des oliviers. C'est là que Jésus connaîtra la plus grande de toutes ses tentations et qu'Il mènera à nouveau le grand combat de la prière; combat qu'Il vaincra justement par la prière. Quel autre exemple extraordinaire Jésus ne nous a-t-il pas donné en cette nuit sainte!

Je ne sais pas si vous avez déjà vu le film de Mel Gibson intitulé : « **_The Passion of the Christ_** » (_La Passion du Christ_). Ce n'est pas un film que je recommanderais à tous; mais c'est un film assez extraordinaire. Ce film a le mérite (*certains ont dit «le défaut»*) de nous montrer à quel point Jésus a souffert durant sa passion. Or, le film commence précisément dans le jardin des oliviers, le jardin de Gethsémani. Jésus est en prière; le silence règne dans le film et dans la salle. Soudain, nous entendons un bruit énorme et sourd. Les gens dans la salle du cinéma sursautent et se demandent ce qui se passe. Nous voyons alors le pied de Jésus qui vient d'écraser le serpent, le tentateur. Cette scène est d'un symbolisme et d'une force extraordinaires. Selon moi, quiconque l'a vue, ne peut l'oublier. Le message est clair : devant la tentation, pas de choix possible pour le chrétien : il faut agir et agir vite et fort. Jésus n'a pas louvoyé avec la tentation. Il y a fait face avec énergie et courage. Essayons, spécialement durant ce carême, d'imiter notre divin Maître.

31) Vendredi 6 avril 2012
Les sept paroles de Jésus en croix

Chers amis, j'espère que vous allez bien. Comme vous le constatez, depuis quelques semaines, je n'ai pas eu grand temps à consacrer à mon blogue. Je le regrette car j'aime beaucoup vous écrire. Mais je ne veux pas laisser passer les jours les plus saints de l'année sans vous écrire quelques mots. En ce Vendredi Saint 2012, je veux vous inviter à méditer sur les dernières paroles que Jésus a prononcées avant de mourir. Sur la croix, Jésus a dit sept paroles. Ces paroles ont toujours été chéries par le peuple chrétien. Des prédicateurs fameux ont prêché ou écrit des livres sur les sept dernières paroles du Christ. Mgr Fulton J. Sheen est sûrement un des plus fameux d'entre eux. Il y a eu aussi le cardinal John Wright. Le Cardinal Wright, dans son livre intitulé _Words in Pain, meditations on the last words of Jesus_, cite un très beau passage d'une des pièces de théâtre de Shakespeare : _Richard II_. Jean de Gand (*ou de Gaunt*) est sur le point de mourir et espère que les paroles qu'il va prononcer toucheront le cœur de son jeune et insolent neveu, le roi Richard. Voici un extrait de la pièce de théâtre:

« JEAN DE GAND : Oh ! Mais on dit que la voix des mourants captive l'attention comme une solennelle harmonie ; que lorsque les paroles sont rares, elles ne sont guère jetées en vain, car ils exhalent la vérité ceux qui exhalent leurs paroles dans la douleur, et celui qui ne parlera plus est plus écouté que ceux auxquels la jeunesse et la santé ont appris à causer. ... Quoique Richard ait refusé d'écouter les conseils durant ma vie, les tristes discours de ma mort peuvent encore vaincre la dureté de son oreille. » (William Shakespeare, *Richard II*, acte II, scène I)

Cet extrait a le mérite de montrer que souvent les paroles d'un mourant, et d'un mourant qui meurt dans la souffrance, ont beaucoup de poids et méritent d'être retenues. Or, que dire des dernières paroles de Dieu qui meurt en croix pour nous ?
Ce qui m'étonne lorsque je considère les sept paroles de Jésus en Croix, c'est de constater qu'il semble y avoir un consensus sur l'ordre dans lequel ces paroles ont été prononcées. Tout le monde semble d'accord pour dire que la première parole de Jésus sur la croix fut telle parole, que la deuxième parole fut telle parole, et ainsi de suite. Je me demande bien comment on a pu arriver à un tel consensus. Je vais donc me plier volontiers à un tel consensus. Voici les sept dernières paroles de Jésus, paroles prononcées alors qu'Il était en croix, en proie à d'horribles souffrances, selon l'ordre dans lequel elles auraient été prononcées.

Première parole : « Père, pardonne-leur, car ils ne savent pas ce qu'ils font » (Lc 23, 34)
Deuxième parole : « En vérité, je te le dis : Aujourd'hui tu seras avec moi dans le paradis. » (Lc 23, 43)
Troisième parole : Jésus, voyant sa mère et, se tenant près d'elle le disciple qu'Il aimait, dit à sa mère : « *Femme, voici ton fils.* » Puis il dit au disciple : « *Voici ta mère.* » Dès cette heure-là, le disciple l'accueillit chez lui. (Jn 19, 26-27)
Quatrième parole : « Mon Dieu, mon Dieu, pourquoi m'as-tu abandonné ? » (Mc 15, 34)
Cinquième parole : « J'ai soif » (Jn 19, 28)
Sixième parole : « Tout est accompli. » (Jn 19, 30)
Septième parole : « Père ! Entre tes mains, je remets mon esprit. » (Lc 23, 46)

Première parole : « **Père, pardonne-leur car ils ne savent pas ce qu'ils font.** » (Lc 23, 34) Le premier mot de la première parole (*par « parole », vous avez deviné que je veux dire ici « phrase »*) de Jésus en croix et le premier mot de la dernière parole est le même. Il s'agit du fameux mot « abba », « papa », qui définit et décrit toute la personnalité de Jésus et sa mission. La grande raison de vivre de Jésus, c'est son Père et la grande mission de sa vie a été de nous révéler le Père, ce Père qui est aussi le nôtre. Le mot « abba » est un mot que l'Église a voulu conserver dans la langue de Jésus, vu son importance. Ce petit mot de quatre lettres est essentiellement un mot de confiance. Il exprime toute la confiance que Jésus a envers son Père. Or le premier mot dit par Jésus en croix, dans un moment de douleurs atroces, est un mot de confiance filiale envers son Père et notre Père. N'est-ce pas beau de voir Jésus qui, dans les moments les plus difficiles de sa vie, ne perd pas confiance en Celui qu'Il aime plus que tout? Un des plus beaux commentaires que j'aie lus de cette première parole de Jésus, vient de Aelred de Rievaulx. Cet auteur souligne le fait que Jésus, dans cette première prière, non seulement demande pardon pour ses persécuteurs (*dont vous et moi faisons partie*), mais en plus, il a l'extrême générosité de les « *excuser* » :

« En entendant cette admirable parole, pleine de douceur, d'amour et d'imperturbable sérénité : *Père, pardonne-leur*, que pourrait-on ajouter à la douceur et à la charité de cette prière ? Et pourtant le Seigneur ajouta quelque chose. Il ne se contenta pas de prier, il voulut aussi excuser; *Père,* dit-il, *pardonne-leur, car ils ne savent pas ce qu'ils font.* Ils sont sans doute de grands pécheurs, mais ils en ont à peine conscience; c'est pourquoi, *Père, pardonne-leur.* Ils crucifient, mais ils ne savent pas qui ils crucifient, car *s'ils l'avaient su, ils n'auraient jamais crucifié le Seigneur de gloire.* C'est pourquoi, *Père, pardonne-leur.* » (Aelred de Rievaulx, dans <u>Le miroir de la charité</u>)

Deuxième parole : « En vérité, je te le dis : Aujourd'hui tu seras avec moi dans le paradis. » (Lc 23, 43) La deuxième parole de Jésus en croix, s'adresse elle aussi à quelqu'un qui était loin de lui spirituellement, quoique très proche de lui corporellement : celui qu'on a coutume d'appeler « *le bon larron* ». Ces deux mots « *bon larron* » sont étonnants; de fait, ils détonnent à première vue. C'est comme si l'on disait de quelqu'un qu'il est un bon bandit. Ce larron est devenu bon sur la croix, au contact de Jésus, sous l'influence de Jésus. Je ne peux m'empêcher de penser que ce voleur et ce bandit a vécu la conversion extraordinaire dont il fait preuve sur la croix, grâce à la première parole de Jésus sur la croix et grâce à la façon dont Jésus vivait son extrême souffrance. Quelle est belle, cette conversion du « *bon larron* » ! Cet homme a su reconnaître en Jésus le roi de l'univers et son roi. Par les yeux de la foi que lui donnait Dieu à ce moment là, cet homme a réalisé que Jésus, loin d'être le maudit qu'on voulait faire de lui, était en réalité le roi de l'univers. Et le larron de s'exclamer : « *Jésus, souviens-toi de moi quand tu viendras avec ton Royaume* » (Lc 23, 42) Ce qui lui valut cette réponse extraordinaire de Jésus : « *En vérité, je te le dis, aujourd'hui tu seras avec moi dans le Paradis.* » (Lc 23, 43) L'Église a toujours considéré le bon larron comme étant le premier saint canonisé, parce que canonisé par Jésus lui-même. Qu'est-ce que la canonisation ? La canonisation est ce geste infaillible de l'Église qui affirme au monde entier que telle personne est rendue auprès de Dieu, dans le ciel. Pour cela, la personne glorifiée doit donner un signe de sa présence auprès de Dieu, auprès du Père; ce signe, elle le donne en « *faisant un miracle* ». Mais lorsque c'est Jésus lui-même qui affirme au monde entier que quelqu'un sera avec lui « *aujourd'hui même en paradis* », nous ne pouvons être plus sûrs de l'état de sainteté de cette personne. Car la sainteté, c'est d'être blancs et immaculés devant Dieu, en présence de Dieu.

Cette deuxième parole de Jésus est véritablement une parole d'espérance. Comme Dieu est bon en nous révélant, à l'article de sa mort, qu'un seul regard de notre part, rempli de contrition, peut nous obtenir instantanément le ciel, peu importe notre passé pécheur ! Sans cette deuxième parole de Jésus sur la croix, nous n'aurions jamais pu être certains d'une telle chose, d'une telle possibilité. Ici, c'est toute la puissance de la doctrine de l'Église sur la « *contrition parfaite* » qui est mise à jour, qui est mise en pratique. Le larron sur la croix, admet ses erreurs, admet que Jésus est le Juste par excellence, l'agneau immaculé, et que Jésus peut faire quelque chose pour le sauver. Ce nouveau converti désire plus que tout se retrouver pour l'éternité aux côtés de Jésus.

Lc 23:39- L'un des malfaiteurs suspendus à la croix l'injuriait : " N'es-tu pas le Christ ? Sauve-toi toi-même, et nous aussi. "
Lc 23:40- Mais l'autre, le reprenant, déclara : " Tu n'as même pas crainte de Dieu, alors que tu subis la même peine !
Lc 23:41- Pour nous, c'est justice, nous payons nos actes ; mais lui n'a rien fait de mal. " (Lc 23, 39-41)

Le verset 40 laisse entendre que le larron croit en la divinité de Jésus : *« Tu n'as même pas crainte de Dieu, alors que tu subis la même peine (sous-entendu : « **que Lui** »; la même peine que Dieu)! »* Le Jésus qui nous est révélé par ces deux premières paroles sur la croix, est le Jésus Miséricordieux dont nous parle si bien saint Luc dans son évangile. Il est bon de noter que ces deux premières paroles sont précisément relatées par saint Luc, l'évangéliste de la miséricorde. Grâce à cette parole de Jésus en croix, notre espérance dans le salut de tout être humain peut être sans borne. Dieu peut tout et Il multiplie certainement ses grâces à l'approche de la mort de chacun de ses enfants. Dieu ne pense pas comme nous; Dieu ne calcule pas comme nous. Un seul regard d'amour véritable vers Lui peut obtenir le paradis instantanément et pour l'éternité. Il est bon de noter que les deux premières paroles de Jésus en croix, sont dirigées vers les personnes qui l'avaient rejeté et méprisé, vers les personnes qui par leur conduite, s'étaient éloignées de Lui. C'est précisément saint Luc, dans l'évangile qu'il a écrit, qui ne cesse de nous dire que Dieu se préoccupe d'abord des personnes qui sont loin de lui. C'est le message extraordinaire des trois paraboles de la miséricorde : la brebis perdue et retrouvée, la drachme perdue et retrouvée, le fils perdu et retrouvé (*le Père prodigue*), en Luc 15, 1-32. Il faudra attendre la troisième parole de Jésus en croix pour voir notre Maître s'adresser aux personnes qu'il aimait le plus en ce monde, aux personnes qui lui étaient les plus chères.

Troisième parole : « *Femme, voici ton fils.* » Puis il dit au disciple : « *Voici ta mère.* » (Jn 19, 26-27) Quelles phrases extraordinaires pour nous! Quelles phrases mystérieuses et douloureuses pour Marie! Pour apprécier la beauté et la grandeur de ces paroles, il faut, selon moi, être catholique. En lisant ce que je viens d'écrire, certains pourront peut-être être fâchés et se sentir exclus d'une telle chance ou d'une telle joie. Mais de fait, personne n'est exclu de la possibilité d'être habité par une telle joie. Tout le monde est invité à être illuminé et habité par la foi catholique. Pour comprendre la profondeur de cette phrase de Jésus en croix, il faut savoir que pour les catholiques, Dieu se révèle de deux façons : **par la Parole de Dieu** : les Saintes Écritures; et **par la tradition de l'Église**, c'est-à-dire la façon dont le peuple de Dieu, spécialement représenté par le Magistère de l'Église (*le pape et les évêques en communion avec lui*) comprend les Saintes Écritures. Pour quelqu'un qui croirait que

Dieu ne se révèle que par la bible, il serait clair que Jésus n'a donné ou confié sa divine Mère qu'à son disciple bien aimé : l'apôtre Jean. Mais les catholiques ont la chance de savoir, grâce surtout au Magistère de l'Église et à ce que nous ont appris et enseigné les Pères de l'Église, que l'apôtre Jean, symbolisait et représentait chacun et chacune de nous alors que Jésus disait à sa mère: « *Femme, voici ton fils !* ». Et en disant quelques secondes plus tard à Jean, le disciple bien aimé : « *Voici ta mère !* », il invitait non seulement son apôtre, mais chacun et chacune de nous à prendre Marie chez lui comme étant sa mère : « *Dès cette heure-là, le disciple l'accueillit chez lui* », nous dit l'évangile en Jean 19, 26-27.

Quelle grâce nous avons d'avoir Marie pour Mère; cette femme immaculée, courageuse, remplie d'amour et surtout si puissante! C'est le même saint Jean qui nous apprend dans son évangile que c'est la foi et l'intercession de Marie qui a fait faire à Jésus son premier miracle alors qu'il est manifeste que l'heure de Jésus de manifester sa gloire, notamment par les miracles, n'était pas encore venue (Jn 2, 1-11) Oui, quelle grâce nous avons d'avoir Marie pour mère! Le cœur de l'apôtre Jean a dû être inondé de joie en entendant ces mots : « *Voici ta mère!* » Mais il est bon de nous demander comment a dû se sentir Marie en entendant ces mots : « *Femme, voici ton fils!* ». Saint Bernard, ce grand amant de la Vierge Marie, jette un regard intéressant sur les sentiments qui ont probablement animé le cœur de Marie en entendant cette parole de Jésus prononcée du haut de la croix. Voici ce qu'a écrit saint Bernard de Clairvaux :

« *Pour toi, ce fut plus qu'un glaive que cette parole qui, perçant ton âme, atteignit jusqu'au point de division de l'âme et de l'esprit : Femme, voici ton fils. Quel échange! Jean t'est donné en échange de Jésus, le serviteur en place du Seigneur, le disciple au lieu du Maître ; le fils de Zébédée doit remplacer le Fils de Dieu, un homme rien qu'homme se substituer au vrai Dieu! Comment ces mots, à les entendre prononcer, n'auraient-ils pas transpercé ton âme si aimante, quand nos coeurs de pierre et de fer se fendent en les entendant rapporter.* » (St-Bernard, homélie pour le dimanche après l'Assomption)

C'est un peu, je crois, ce que les Pères de l'Église ont souvent enseigné, à savoir que Marie a enfanté Jésus dans la joie mais nous, ses enfants, dans la douleur. On pourrait croire que la douleur dont les Pères de l'Église parlaient consistait dans le fait que Marie souffrait aux pieds de la croix en voyant son fils mourir devant elle, au moment où elle entendait Jésus s'adresser à elle. Mais, comme nous venons de le voir, saint Bernard va plus loin, en un sens, pour expliquer la douleur de celle qui est devenue pour nous à ce moment précis de l'histoire: notre Mère.

Permettez-moi de terminer ces considérations en citant notre pape Benoît XVI qui a magnifiquement décrit ce que veut dire pour nous « *prendre Marie chez soi* » :

« *L'Evangile nous dit qu'à partir de ce moment, saint Jean, le fils bien-aimé, accueillit la mère, Marie, "chez lui". C'est ce que dit la traduction française; mais le texte grec est beaucoup plus profond, beaucoup plus riche. Nous pourrions le traduire de la façon suivante: il prit Marie dans l'intimité de sa vie, de son être, "eis tà ìdia", dans la profondeur de son être. Prendre avec soi Marie, signifie l'introduire dans le dynamisme de son existence tout entière - il ne s'agit pas d'une chose extérieure - et dans tout ce qui constitue l'horizon de son apostolat.* » (Benoît XVI, audience générale du mercredi 12 août 2009)

Quatrième parole : « Mon Dieu, mon Dieu, pourquoi m'as-tu abandonné ? » (Mc 15, 34) Voici la parole la plus mystérieuse de Jésus en croix; la plus bouleversante aussi. Saint Marc est l'évangéliste qui nous présente la vision la plus noire de la passion du Christ. Or, saint Marc ne nous rapporte qu'une seule parole de Jésus sur la croix, la quatrième parole. Un indice qui montre l'importance de cette parole, est le fait qu'on l'ait conservée dans la langue même de Jésus, l'araméen. « *À la neuvième heure, Jésus poussa un grand cri : « **Élôï, Élôï, lema sabachthani** », ce qui se traduit : « Mon Dieu, mon Dieu, pourquoi m'as-tu abandonné?* » (Mc 15, 34) Il existe deux interprétations de cette parole, deux interprétations en quelque sorte contradictoires. La première interprétation est la suivante : Jésus n'a pas expérimenté un véritable abandon de la part de son Père. Lorsqu'Il prononce cette parole, il veut au contraire donner une preuve supplémentaire de sa divinité, « *en accomplissant les Écritures* ». Le soir de sa résurrection, Jésus apparut à ses disciples et leur dit : « *Telles sont bien les paroles que je vous ai dites quand j'étais encore avec vous : il faut que s'accomplisse tout ce qui est écrit de moi dans la Loi de Moïse, les Prophètes et **les Psaumes**.* » (Lc 24, 44) Le psaume 22 constitue une des plus belles prophéties du Messie et des souffrances qu'Il devait endurer. Ce psaume commence comme ceci : « *Mon Dieu, mon Dieu, pourquoi m'as-tu abandonné ?* » et il se termine par la victoire du persécuté. Selon la première interprétation de la quatrième parole de Jésus sur la croix, Jésus a cité la première phrase du psaume 22 pour signifier que malgré les apparences, c'était la victoire qui allait avoir le dernier mot. Voici quelques versets du psaume 22 :

« *Mon Dieu, mon Dieu, pourquoi m'as-tu abandonné? Des chiens nombreux me cernent, une bande de vauriens m'entoure; ils ont percé mes mains et mes pieds. Je peux compter tous mes os, les gens me voient, ils me regardent; ils partagent entre eux mes habits et tirent au sort mon vêtement. Mais toi, Yahvé, ne sois pas loin, ô ma force, vite à mon aide; délivre de l'épée mon âme, de la patte du chien; sauve-moi de la gueule du lion, de la corne du taureau. J'annoncerai ton nom à mes frères, en pleine assemblée je te louerai. Vous qui craignez Yahvé, louez-le, toute la race de Jacob, glorifiez-le, redoutez-le, toute la race d'Israël. Car il n'a point méprisé, ni dédaigné la pauvreté de pauvre, ni caché de lui sa face, mais, invoqué par lui, il écouta. De toi vient ma louange dans la grande assemblée, j'accomplirai mes vœux devant ceux qui le craignent.* »

La deuxième interprétation de la quatrième parole de Jésus en croix est la suivante : Jésus a expérimenté un véritable abandon de son Père alors qu'il était sur la croix. Jésus sur la croix, s'est « *senti abandonné* » par son Père. C'est pourquoi il n'a pas prié à ce moment-là comme Il l'avait toujours fait, même au jardin des oliviers à la veille de sa mort, en employant le mot : Abba, Papa, Père. Jésus ici emploie un mot qui exprime ce qu'il vit; il emploie le mot « *Éloïm* », qui veut dire « *Dieu* ». Le Dieu auquel il s'adresse est le Dieu qui lui semble alors tellement distant et tellement étranger à sa souffrance.

Je dois avouer que pour ma part, je privilégie cette seconde interprétation. Tant de gens sur cette pauvre terre se sentent ou se sont sentis abandonnés de Dieu, abandonnés par Dieu ! « *Se sentir abandonné* » ne veut pas dire « *être abandonné* ». Je pense que Jésus a tenu à faire cette expérience pour que tout être humain puisse être rejoint par Lui, compris par Lui, secouru par Lui. Nous savons que plusieurs saints et saintes ont vécu ce que nous appelons « *la nuit de la foi* », c'est-à-dire le sentiment que Dieu ne veille plus sur eux, que Dieu est absent de leur vie, que Dieu ne les aime plus. Parmi ces saints et saintes, nous retrouvons sainte Thérèse d'Avila, saint Jean de la croix, sainte Thérèse de l'Enfant-Jésus et de la Sainte Face; et plus près de nous : Mère Teresa de Calcutta. Dans un livre publié très récemment (***Viens, sois lumière, Les écrits intimes de « La sainte de Calcutta »***), nous pouvons en apprendre davantage sur cette nuit de la foi qu'a vécue et expérimentée Mère Teresa durant cinquante ans. Dans une de ses lettres, Mère Teresa écrit : « *Il y a tant de contradiction dans mon âme, un profond désir de Dieu, si profond qu'il fait mal ; une souffrance permanente, et avec cela le sentiment de ne pas être voulue par Dieu, rejetée, vide, sans foi, sans amour, sans zèle... Le ciel n'a aucun sens pour moi: il m'apparaît comme un lieu vide !* ». Et elle écrivit au Père Joseph Neuner, s.j., le 6 mars 1962 : « *Si jamais je deviens sainte, je serai certainement une sainte des « ténèbres ». Je serai continuellement absente du Ciel pour allumer la lumière de ceux qui sont dans les ténèbres sur terre.* » Si des êtres humains et de saintes personnes ont fait l'expérience d'être abandonnés de Dieu, comment ne pas penser et croire que le Fils de Dieu ait voulu connaître cette terrible souffrance par amour pour l'humanité ?

Cinquième parole : « J'ai soif » (Jn 19, 28) La sixième parole de Jésus est : « *J'ai soif* ». Mais de quelle soif s'agit-il ? On ne peut pas douter que Jésus ait eu soif physiquement et matériellement. Le supplice de la crucifixion devait sûrement creuser la soif. Mais la parole de Jésus sur la croix exprime une soif tout autre : **la soif d'être aimé**. C'est cette soif d'être aimé que Jésus a exprimé dans l'évangile de Jean lorsqu'il parla un jour à la Samaritaine et qu'il lui demanda: « *Donne-moi à boire.* » (Jn 4, 7) C'est ce qu'a très bien compris Mère Teresa de Calcutta. Un de mes anciens confrères Oblat de la Vierge Marie, le Père Joseph Langford (*décédé en 2010*) a quitté notre communauté pour fonder, à la demande de Mère Teresa elle-même, la branche masculine des Missionnaires de la charité. C'est ce Père Langford qui a eu comme mission de mettre par écrit la spiritualité propre à Mère Teresa. Or, cette spiritualité peut se résumer par les paroles et le symbole suivant : d'abord une croix; au dessous de la croix, la lettre « M » pour Marie; au dessus de la croix, le mot : « *Sitio* » qui est un mot latin qui signifie : « *J'ai soif.* ». La spiritualité de Mère Teresa a donc comme fondement la scène évangélique suivante: la Vierge Marie qui, aux pieds de la croix, reçoit la parole de Jésus : « *J'ai soif* ». D'ailleurs, où que vous alliez dans le monde à la rencontre des Sœurs ou des Pères *Missionnaires de la charité*, si vous entrez dans la chapelle de leur couvent, vous verrez le crucifix près de l'autel et au dessus du crucifié, la parole : « *Sitio* ». Quand Mère Teresa ou chacun de nous se penche sur un pauvre, un nécessiteux, un boiteux, un aveugle ou un sans-abri, pour lui manifester de l'amour, il ne fait que répondre à l'invitation de Jésus qui nous dit : « *J'ai soif d'être aimé* ». Jésus est apparu un jour à sainte Marguerite-Marie et lui a dit : « *Si tu savais combien je suis altéré de me faire aimer des hommes, tu n'épargnerais rien pour cela. J'ai soif, je brûle du désir d'être aimé!* » Essayons de répondre au mieux à cette soif de Jésus durant notre courte vie.

Sixième parole : « **Tout est accompli.** » (Jn19, 30) Essayons d'imaginer la joie que Jésus a dû éprouver en prononçant cette sixième parole. Tout ce que son Père lui a demandé, Il l'a fait. Il n'a rien refusé à son Père. Quel amour, quelle fidélité, quelle obéissance!

Septième parole : « **Père ! Entre tes mains, je remets mon esprit.** » (Lc 23, 46) La dernière parole de Jésus, est une parole de confiance. La nuit de la foi est terminée et la confiance filiale totale est revenue. L'Église, dans sa prière liturgique, nous invite à prier ainsi à chaque jour avant de nous endormir. À la prière des *Complies*, le dernier office de la journée, le chrétien reprend la septième parole de Jésus sur la croix et l'adresse non pas à Dieu le Père, comme l'a fait Jésus, mais à son Fils et notre Seigneur Jésus Christ. Avant le sommeil de chaque jour, et en attendant le dernier sommeil, celui de notre mort, nous prions ainsi : « *En tes mains, Seigneur, je remets mon esprit* ».

32) Jeudi le 10 mai 2012
Pourquoi fallait-il que Jésus meure pour nous ?

Chers amis, enfin je puis vous adresser quelques mots, en ce Temps pascal, le temps le plus beau de l'année pour nous les chrétiens. Le temps de Pâques, j'aime l'appeler « **le temps de l'Esprit** ». Dès le lendemain de Pâques, notre cœur est tourné vers la Pentecôte qui clôturera le temps pascal. L'Église est toujours tournée vers l'avant, vers le futur, dans la conviction que « *le plus beau est à venir* ». Dès le premier jour après Pâques, nous lisons le livre des *Actes des Apôtres*, ce livre qui, dans la Bible suit immédiatement les quatre évangiles. Nous appelons souvent ce livre : « *L'évangile de l'Esprit-Saint* ». Les quatre évangiles nous parlent de ce que Jésus a dit et fait. Le livre des *Actes des Apôtres* nous raconte ce que l'Esprit Saint, le grand don promis par Jésus et son Père, a fait par les « *actes des Apôtres* » et dit par leur bouche. D'ailleurs, le lundi de Pâques, nous lisons comme première lecture à la messe, le discours que Pierre a prononcé dans les rues de Jérusalem le jour même de la Pentecôte (Actes 2, 14.22b-32)
En ce temps de Pâques, je prends le petit déjeuner avec le Père Raniero Cantalamessa, capucin. Je veux dire par là que je prends mon déjeuner en me nourrissant de ce qu'il pense et de ce qu'il a dit ou écrit. Je suis en train de lire son livre intitulé : <u>Le Mystère Pascal</u>. Le Père Raniero Cantalamessa est le prédicateur pontifical depuis 1981. C'est vraiment extraordinaire que ce Père exerce toujours

cette fonction. Le prédicateur pontifical est chargé de donner des ressourcements, des journées de retraite et des prédications aux membres de la Curie romaine et, en particulier, au pape. Le titre de « *prédicateur pontifical* » indique d'ailleurs par lui-même que cet homme est chargé de prêcher au « *souverain pontife* ». Ce n'est pas rien que d'avoir pour mission de ressourcer le pape, de le convertir, en quelque sorte.

Dans son livre intitulé Le Mystère pascal, le Père Cantalamessa explique très bien en quelques lignes, pourquoi il fallait que Jésus meure pour nous sauver. C'est ce qu'on appelle en théologie « *la théorie de la satisfaction vicariale* ». Voici quelques passages de ce livre. Les mots mis entre parenthèses et en italique viennent de moi; je les ai insérés pour essayer de faciliter la compréhension de ce que dit le Père Cantalamessa; espérons que j'atteigne mon but.
« Le péché a violé les droits de Dieu. Il exige une expiation qui répare l'offense et rétablisse les droits de Dieu. Mais comme la gravité d'une offense ne se mesure pas à la personne de l'offenseur, mais à celle de l'offensé, qui dans ce cas est Dieu lui-même, il fallait donc une réparation d'une valeur infinie qu'aucun homme, évidemment, ne pouvait offrir (*Dieu étant infini, l'offense qui lui est faite est infinie, du moins du côté de l'offensé*). Telle était donc la situation sans issue avant la venue du Christ : d'un côté, l'homme qui devait payer la dette, mais ne le pouvait pas; de l'autre, Dieu qui pouvait payer, mais qui ne le devait pas, puisqu'il n'avait pas commis lui-même la faute. L'Incarnation a résolu de façon imprévisible cette situation. En Christ, homme et Dieu, celui qui devait payer la dette et celui qui seul pouvait la payer se sont trouvés réunis ensemble, dans la même personne. Tout ceci est merveilleusement exprimé dans l'Exultet (*L'Exultet est le chant grandiose qui inaugure la Veillée pascale, la célébration liturgique chrétienne la plus solennelle de l'année*) : « *Il a remis pour nous au Père éternel le prix de la dette encourue par Adam; c'est lui qui répandit son sang par amour pour effacer la condamnation du premier péché.* » Cette vision du salut vient en droite ligne du Nouveau Testament. Christ, lit-on dans celui-ci, est venu pour donner sa vie « *en rançon pour une multitude* » (Mt 20, 28); par son sang, nous obtenons « *la rédemption et la rémission des péchés* » (Ep 1, 7 ; 1 Cor 1, 30; 1 Tm 2, 6); Dieu l'a fait servir « *d'instrument d'expiation* » (Rm 3, 25); sur la croix, Christ a effacé la « *cédule de notre dette* » (Col 2, 14) » (Raniero Cantalamessa, Le Mystère pascal, éditions *Salvator*, p. 112)

Le danger que peut encourir la « *théorie de la satisfaction vicariale* », c'est de faire quasiment passer notre bon Père céleste pour un bourreau, pour quelqu'un qui demande justice à son Fils. Voici comment le Père Cantalamessa résout ce problème :
« Dans l'Exultet, ce danger est cependant éliminé à la racine, car la perspective juridique est tout de suite appuyée et corrigée par une autre qui la libère de toute connotation négative de froide justice, en la ramenant à la révélation de Dieu amour. Il est vrai en effet que le Fils a payé la dette au Père éternel, mais le Père n'est pas seulement celui qui reçoit le prix du rachat; il est aussi celui qui

paie. Il est même celui qui paie le prix le plus élevé, puisqu'il donne son fils unique : « *Ô merveilleuse bienveillance de ta bonté pour nous,* s'exclame-t-on en s'adressant au Père. *Ô inestimable tendresse de charité : pour racheter le serviteur, tu as donné ton Fils !* » *(Cette magnifique phrase est tirée de l'Exultet_).* Rarement la pensée chrétienne, sous toutes ses formes, a atteint cette profondeur abyssale. Rarement l'amour invincible de Dieu Père pour l'humanité a été chanté avec une plus grande émotion et une plus grande simplicité. C'est un écho de Rm 8, 32 : « *Dieu n'a pas épargné son propre Fils, mais il l'a livré pour nous tous.* » (Ibid, pp. 113-114)

33) Lundi 14 mai 2012
Felix culpa ! Heureuse faute !

Il existe, dans la tradition de l'Église des petits chefs-d'œuvre de composition. Et au sein de ces compositions, il arrive que des mots nous sautent aux yeux, nous bouleversent et nous scandalisent, tout au moins à première vue. La raison en est, je pense, que les artistes ou les poètes ont souvent une imagination si grande et une intuition si profonde qu'ils arrivent presque à pénétrer les secrets de Dieu. Il existe une loi dans l'Église qui s'exprime ainsi : « ***Lex orandi, lex credendi*** » : littéralement, cela veut dire que la loi de la prière est la loi de la foi. Autrement dit, ce que des gens ont exprimé dans les prières de l'Église, dans les chants, les hymnes ou les oraisons de la messe, est devenu peu à peu dogme de foi, vérités à croire. L'expression la plus téméraire, originale, et à première vue scandaleuse qui soit, se trouve, selon moi, dans le chant le plus solennel de l'année : l'***Exultet***. L'*Exultet* est le chant pascal par excellence, celui que toute l'Église chante pour annoncer la résurrection du Christ lors de la veillée pascale. Au beau milieu de ce chant, alors qu'il est question du premier péché des hommes, le péché d'Adam, retentissent les deux mots suivants : « ***Felix culpa*** » : « ***Heureuse faute*** ». Nous sommes en droit de nous demander qui a bien pu associer ces deux mots et surtout les mettre dans un chant aussi solennel que l'*Exultet*. Et comment l'Église a-t-elle pu accepter et cautionner une telle chose? La raison en est assez simple : au-delà d'une contradiction apparente et au-delà de nos scrupules intellectuels ou théologiques, ces deux mots expriment une vérité tellement profonde, qu'elle ne peut que nous bouleverser, nous éclairer et nous pacifier. Ces deux mots font partie de la phrase suivante de l'Exultet : « *Ô heureuse faute qui nous valut un tel Rédempteur !* » Le Père Raniero Cantalamessa a une page merveilleuse sur ces deux mots : « ***Felix culpa*** ». Voici ce qu'il dit :
« Quel esprit a pu concevoir le cri : *Ô felix culpa* » ? Quelle autorité se cache derrière celui-ci ? Non la simple autorité d'un obscur compositeur (l'*Exultet* fut écrit, semble-t-il, en Gaule au cours du Vème siècle), mais l'autorité d'un docteur de l'Église. Cette théologie audacieuse s'inspire en effet, presque à la lettre, de saint Ambroise. Celui-ci, parlant de la faute d'Adam, s'était exclamé : « *Heureuse ruine qui fut rebâtie plus solide!* », et encore : « *Ma faute est devenue pour moi le prix de la rédemption ... Plus profitable me fut la faute que l'innocence.* » Mais à son tour, saint Ambroise

s'appuie sur l'autorité encore plus grande de l'Écriture, qui assure que « *là où le péché s'est multiplié, la grâce a surabondé.* » (Rom 5, 20). Certes, l'« *Ô felix culpa*! » dit quelque chose de plus. C'est un cri d'espérance et d'optimisme qui ne trouve sa justification dans aucun texte de l'Écriture pris isolément, mais dans son ensemble, dans la conviction que la puissance de Dieu est telle qu'elle sait tirer le bien de tout, « *même du mal* » comme le disait saint Augustin. La beauté extraordinaire de ce cri réside dans l'enthousiasme qu'il laisse transparaître pour la personne du Christ, « *un tel Rédempteur* »! **À un univers sans faute et sans Christ, on préfère ouvertement un univers avec la faute, mais avec le Christ.** (*C'est moi, Guy Simard, qui ai mis ces mots en caractères gras, car c'est selon moi la phrase la plus belle de tout le texte que je cite présentement*). Et qui pourrait donner tort à celui qui a osé affirmer ceci? Une célèbre mystique médiévale, reprenant cette ligne optimiste de l'*Exultet* , a écrit ces paroles qu'elle dit avoir entendues de Dieu lui-même : « ***Le péché est inévitable, mais tout sera bien et toute sorte de chose sera bien.*** » (Julienne de Norwich, *Révélations*, ch. 27). » (Raniero Cantalamessa, *Le Mystère pascal*, éditions *Salvator*, pp. 117-118) Alors que le prédicateur pontifical, le Père Cantalamessa, ne semble avoir eu aucun scrupule à citer cette phrase de Julienne de Norwich, j'ai hésité pour ma part à vous la partager. Je craignais que cette phrase soit presque perçue comme un certain encouragement à pécher. Mais je me suis ravisé car une telle crainte est tout à fait dans la ligne des émotions que les mots « *felix culpa* » sont susceptibles de faire surgir en nous et contre lesquelles, il nous faut lutter.

Il y a deux ans, une bonne amie à moi a reçu une grâce assez extraordinaire en entendant chanter les mots « *felix culpa* » lors de la veillée pascale. Ces mots ont retenti à ses oreilles et ont fait vibrer son cœur tourmenté par des fautes passées. Ces mots si étonnants et pleins de vérité ont été la lumière qui a dissipé les ténèbres provoquées par les faux remords et les illusions perdues. Ces mots pleins de vérité nous mettent en face de la vérité de notre être : nous sommes tous des pécheurs aimés et appelés au pardon de nos fautes. Saint Jean ne dit-il pas dans sa lettre : « ***Si notre cœur venait à nous condamner, Dieu est plus grand que notre cœur et il connaît tout.*** » (1 Jn 3, 20)

34) Samedi 19 mai 2012
L'Ascension du Seigneur Jésus

Ici à Montréal, nous fêtons en fin de semaine l'Ascension du Seigneur Jésus au ciel. Certains pays, dont l'Italie et la France ont déjà célébré cette solennité qui a lieu quarante jours après la résurrection de Jésus. La présente solennité est très importante pour Jésus et pour nous. Dieu se fait homme en Jésus; Il vit parmi nous et Il meurt pour nous. Son corps ressuscite grâce à sa divinité mais pour aller où? Je sais bien que cette question n'est pas très bien formulée car le ciel n'est pas un lieu mais un état. Mais la réponse à la question « *pour aller où* » est : **dans la gloire de Dieu.** Quand nous disons la « *gloire de Dieu* », nous avons peine à imaginer ce que c'est.

Comme c'est triste de ne pas être capable d'intuitionner à sa juste valeur ce à quoi nous sommes tous appelés! Jésus, sur le mont Thabor, a fait entrevoir à trois de ses amis et apôtres quelque chose de la gloire qu'Il avait comme Fils avant la création du monde et qu'Il aura pour toujours une fois ressuscité des morts et assis à la droite du Père. Et les apôtres auraient voulu rester pour toujours sur cette montagne sainte et n'en redescendre jamais. Mais il a fallu qu'ils redescendent de la montagne; et il a fallu que Jésus descende encore plus bas : jusqu'à la mort ignominieuse de la crucifixion, et jusqu'aux enfers pour en libérer l'être humain, esclave de la mort et du péché.

Demandons aujourd'hui pardon à Dieu de désirer si peu la gloire qu'Il nous promet, la gloire qui nous attend. Saint Paul nous dit que déjà nous sommes ressuscités avec le Christ, que déjà nous sommes assis avec Lui dans les cieux : « *avec lui Il nous a ressuscités et fait asseoir aux cieux, dans le Christ Jésus* » (Ep 2, 6) J'avoue avoir pas mal de misère à comprendre cela. Je comprends que déjà, par le baptême, je suis ressuscité avec le Christ et que par le sacrement de l'eucharistie, le sang de Jésus ressuscité coule dans mes veines. Cela je le comprends. Mais je suis loin d'être dans la gloire du ciel. Cependant, je sais et je crois que j'y suis destiné. J'y suis en espérance (*c'est sûrement ce que saint Paul veut nous faire comprendre*); et cela me réjouit, cela m'éblouit. Croire que mon corps, le corps de Guy Simard, sera un jour dans la gloire du Père, du Fils et de l'Esprit Saint, même si j'ignore presque tout ce que cela implique et signifie, me réjouit grandement.

La solennité de l'Ascension de Jésus, c'est par excellence la solennité de la glorification du corps. C'est la solennité de la glorification du corps de Jésus et c'est la solennité, en espérance, de la glorification de mon corps et de votre corps, chers amis. Et cela, il faudrait que tout le monde l'entende; tout le monde a le droit de savoir cela. Et c'est à nous, chrétiens que revient le devoir de l'annoncer. Le Seigneur fait bien les choses. Alors que nous nous préparions à fêter l'Ascension du Seigneur ici à Montréal, nous recevions de la belle visite : M. Christopher West était de passage chez nous. Christopher West est un des plus grands spécialistes mondiaux de la « *théologie du corps* » mise en lumière par notre vénéré et défunt pape Jean-Paul II. Quiconque n'est pas chrétien risque de sursauter devant l'expression : « *théologie du corps* ». Mais notre foi chrétienne ne cesse de nous dire de différentes façons que notre corps a rapport avec Dieu; que notre corps est « *divinisé* » depuis la venue de Jésus sur terre. Christopher West a fait une analogie historique très surprenante et très frappante : au début des années 1950, deux personnes ont voulu mettre en évidence la beauté et la bonté du corps humain mais avec des résultats diamétralement opposés. En 1953, Hugh Hefner sortait le magazine « *Playboy* » et au début des années 1950, un prêtre polonais du nom de Karol Wojtyla mettait au monde une nouvelle branche (*en quelque sorte*) de la théologie : la « **théologie du corps** ».

Monsieur West a d'abord mis en lumière le fait qu'avant les années 1950, aux États-Unis et au Canada, le corps humain n'avait pas bonne presse. L'âme était perçue comme étant l'élément « *bon* » de la personne humaine et le corps comme étant l'élément « *mauvais* » que nous devions presque ignorer et mettre de côté. Cette façon de présenter les choses est un peu caricaturale mais elle recèle aussi beaucoup de vérité. La société de l'époque était très marquée par le jansénisme et le puritanisme. Hugh Hefner arrive et dit aux gens que le corps est quelque chose de beau et de grand. En cela, il dit vrai et il répond à un besoin de vérité de l'être humain. Mais il poussera ce principe dans une très mauvaise direction, une direction mortelle. Comme le disait si bien M. West, l'être humain qui n'aurait que deux choix possibles : soit mourir de faim, soit se nourrir de « *malbouffe* », choisirait -certainement de se nourrir de « *malbouffe* ». Mais à la longue, cette nourriture malsaine le conduirait inévitablement à la mort, comme l'a si bien montré le documentaire intitulé : *Super Size Me* dans lequel un homme a fait l'expérience de se nourrir chez *McDonald's* matin, midi et soir pendant un mois et qui au bout d'un mois était pratiquement à l'article de la mort. La voie mise de l'avant par Hugh Hefner conduit elle aussi à la mort même si elle semble, à prime abord, répondre à un besoin.

Heureusement qu'au même moment, dans une autre partie du globe, l'Esprit Saint guidait un jeune prêtre sur le chemin qui conduit à une appréciation juste et raisonnable de la beauté et de la bonté du corps humain. Remercions Dieu de nous avoir donné le pape Jean-Paul II et de l'avoir instruit sur la véritable nature et dignité du corps humain. Que la solennité de *l'Ascension du Seigneur 2012*, nous fasse faire un pas de plus dans l'appréciation de l'immense dignité du corps humain, ce corps appelé à partager la gloire de notre Dieu Père, Fils et Esprit Saint.

35) Mardi 22 mai 2012
Le Saint Esprit

Chers amis, nous approchons de la clôture du Temps Pascal; dans quelques jours, ce sera la Solennité de la Pentecôte et le temps pascal 2012 sera terminé. Préparons-nous à recevoir l'Esprit Saint. J'ai toujours envié les personnes qui ont une grande dévotion à l'Esprit Saint. Car trop souvent, la troisième Personne de la Trinité est la grande oubliée parmi les Personnes divines. On peut comprendre aisément pourquoi il en est ainsi. Tout le monde sait ce qu'est un père; tout le monde sait ce qu'est un fils; mais très peu de gens savent ce qu'est un esprit. Un esprit est par définition insaisissable, invisible, non palpable. Or ce qui est insaisissable et non palpable n'intéresse normalement pas beaucoup les gens. Pour la première fois de ma vie, ce matin, je me suis surpris à comparer le Saint Esprit à un caméléon. Le caméléon a cette capacité de s'adapter à son environnement jusqu'à en devenir presque invisible. C'est exactement ce que fait l'Esprit Saint : il est partout présent mais s'adapte si bien à son environnement, qu'il est invisible. Tous les symboles que la Parole de Dieu emploie pour parler du Saint Esprit, mettent en lumière son caractère insaisissable : l'eau, le vent, le feu. Qui peut saisir l'eau, le vent, le feu? Essayez de conserver de l'eau dans vos mains mises en forme de contenant; elle vous échappera. Elle trouvera le moyen de disparaître. Voici le texte de saint Cyrille de Jérusalem que nous lisions hier dans le bréviaire. Il a une façon très originale de parler de l'Esprit Saint. Saint Cyrille est un évêque et un docteur de l'Église du quatrième siècle (315 - 386) :

Catéchèse de saint Cyrille de Jérusalem sur le Saint Esprit :
« *L'eau que je lui donnerai deviendra en lui source jaillissante pour la vie éternelle.* C'est une eau toute nouvelle, vivante, et jaillissante, jaillissant pour ceux qui en sont dignes. Pour quelle raison le don de l'Esprit est-il appelé une "eau" ? C'est parce que l'eau est à la base de tout ; parce que l'eau produit la végétation et la vie ; parce que l'eau descend du ciel sous forme de pluie ; parce qu'en tombant sous une seule forme, elle opère de façon multiforme. [...] Elle est différente dans le palmier, différente dans la vigne, elle se fait toute à tous. Elle n'a qu'une seule manière d'être, et elle n'est pas différente d'elle-même. La pluie ne se transforme pas quand elle descend ici ou là mais, en s'adaptant à la constitution des êtres qui la reçoivent, elle produit en chacun ce qui lui convient. L'Esprit Saint agit ainsi. Il a beau être un, simple et indivisible, il distribue ses dons à chacun, selon sa volonté. ... Bien que l'Esprit soit simple, c'est lui, sur l'ordre de Dieu et au nom du Christ, qui anime de nombreuses vertus. ... Son entrée en nous se fait avec douceur, on l'accueille avec joie, son joug est facile à porter. Son arrivée est annoncée par des rayons de lumière et de science. Il vient avec la tendresse d'un défenseur véritable, car il vient pour sauver, guérir, enseigner, conseiller, fortifier, réconforter, éclairer l'esprit : chez celui qui le reçoit, tout d'abord ; et ensuite, par celui-ci, chez les autres. » (Extraits de la *Catéchèse 18 sur le Symbole de la Foi*, 23-25)

36) Dimanche 3 juin 2012
La Sainte Trinité et le mystère du mal:

Au lendemain du temps pascal, il nous fait bon de célébrer notre Dieu : le Père, le Fils et l'Esprit Saint. Aujourd'hui, dans l'Église, c'est **solennité**; c'est la fête de notre Dieu; c'est la fête de la très Sainte Trinité. C'est grâce à Jésus que nous savons cette vérité extraordinaire que notre Dieu est un seul Dieu en trois Personnes. Jamais nous n'aurions pu savoir cela si Dieu en personne ne nous l'avait révélé. Seul Dieu, selon moi, et Dieu en personne, dans la Personne de son Fils unique Jésus Christ, était habilité à nous dire cela, à nous apprendre cela et surtout, à nous le faire croire.
La doctrine sur la Trinité n'est pas facile à comprendre et notre Dieu trois fois saint étant un mystère, nous ne parviendrons jamais à le saisir complètement. Mais nous pouvons tout de même comprendre, ou à tout le moins intuitionner quelque chose de son mystère et nous en réjouir. C'est ce que je me propose de faire dans les lignes qui suivent: vous proposer des réflexions sur notre Dieu qui, je l'espère, vous aideront à l'aimer davantage et à mettre davantage toute votre confiance en Lui.
Une des choses les plus belles que j'aie entendues sur Dieu, a été dite par Éric-Emmanuel Schmitt. Éric-Emmanuel Schmitt est l'auteur francophone le plus lu sur la planète. Je suis sûr que plusieurs d'entre vous le connaissent. J'aime toujours entendre parler M. Schmitt de sa conversion ou lire quelque chose à ce sujet. Cet écrivain s'est converti à Dieu en février 1989, dans le désert du Hoggar. Il est entré athée dans le désert et il en est ressorti croyant. Je vous invite à lire son témoignage

dans l'avant-propos de sa pièce de théâtre intitulée : *Mes Évangiles* **(1)**. Cette pièce de théâtre est, en quelque sorte, un deuxième écrit sur un même thème car l'auteur a voulu « *réécrire pour la scène* » son roman intitulé : *L'Évangile selon Pilate*. Alors qu'il était perdu dans le désert, Schmitt a vécu la plus belle nuit de sa vie, sa nuit mystique comme il aime lui-même l'appeler. Voici comment Éric-Emmanuel Schmitt a décrit cette nuit à un journaliste du journal *La Croix* :
« *Quand la nuit et le froid sont tombés, comme je n'avais rien, je me suis enterré dans le sable. Alors que j'aurais dû avoir peur, cette nuit de solitude sous la voûte étoilée a été extraordinaire. J'ai éprouvé le sentiment de l'Absolu et, avec la certitude qu'un Ordre, une intelligence, veille sur nous, et que, dans cet ordre, j'ai été créé, voulu. Et puis la même phrase occupait mes pensées :* **Tout est justifié**. »

Cette expérience de l'écrivain francophone le plus lu sur la planète est tout simplement extraordinaire, spécialement pour notre époque, pour la sensibilité de l'homme et la femme modernes. Car plus que jamais, selon moi, le grand obstacle à la foi en un Dieu bon et aimant est le « **mystère du mal** ». Selon ce que je comprends de l'expérience spirituelle qu'a vécue M. Schmitt dans le désert en 1989, en découvrant que "*tout est justifié*", toutes les objections contre un Dieu bon qui pourrait être complice du mal, sont disparues en un instant de son coeur. La phrase « **Tout est justifié** » est l'équivalent de dire que « **Tout a un sens** ». Alors que de très nombreuses personnes peinent à trouver un sens à la vie, un sens à ce qui leur arrive, M. Schmitt a reçu de Dieu ce cadeau extraordinaire de savoir et de croire que tout a un sens. Et les mots " *dans cet ordre, j'ai été créé, voulu* ", revêtent une signification particulière lorsqu'on entend monsieur Eric-Emmanuel Schmitt nous dire que c'est suite à cette expérience dans le désert qu'il est devenu écrivain; que toute cette imagination créatrice que l'on retrouve dans ses écrits a en quelque sorte "*débloqué* ", vu le jour. C'est vraiment comme si en cette nuit de 1989, M. Schmitt avait été "*créé à nouveau*", en quelque sorte. Sur ce sujet, vous pouvez aller consulter le site internet suivant: CONTACT - Les invités - Eric-Emmanuel Schmitt – Dossier.
La fin de semaine dernière, je remplaçais mon confrère Sylvain pour la messe de 10h à l'église Ste-Marthe, à la Rivière des Prairies. Lorsque je vais là, je rencontre un homme assez extraordinaire du nom de Jean. Après la messe, Jean me dit qu'une des choses les plus belles qu'il ait lues sur Dieu a été écrite par Julienne de Norwich, une mystique anglaise des 14ème et 15ème siècles. Si je me souviens bien, ce qui avait frappé Jean, ce sont des phrases qui ressemblent à la révélation qu'a eue Éric Emmanuel Schmitt. Je lui ai demandé de me faire parvenir ce texte. Je ne l'ai pas encore reçu. Mais ma confiance en Jean est si grande et mon admiration envers cet homme est telle que j'ai voulu, en cette fête de notre Dieu, aller voir ce que dit cette grande mystique. Dans un des textes récents que j'ai mis sur mon blogue, en date du 14 mai 2012, j'ai cité avec crainte et tremblement cette mystique qu'est Julienne de Norwich. Je l'ai citée parce que c'était le Père Raniero Cantalamessa qui le faisait. Or, en faisant ces jours-ci une recherche sur cette mystique, j'ai découvert que notre pape Benoît XVI avait parlé assez longuement de Julienne de Norwich lors de l'audience générale du mercredi 1er décembre 2010. Or, le pape fait justement

allusion au fait que Julienne de Norwich est très importante à cause des lumières qu'elle nous donne sur le « *mystère du mal* ». Voici ce qu'a dit le pape durant cette audience :

« Je voudrais souligner un autre point. Le *Catéchisme de l'Eglise catholique* rapporte les paroles de Julienne de Norwich quand il expose le point de vue de la foi catholique sur un thème qui ne cesse de constituer une provocation pour tous les croyants (cf. nn. 303-314). Si Dieu est suprêmement bon et sage, pourquoi le mal et la souffrance des innocents existent-ils? Même les saints, précisément les saints, se sont posé cette question. Illuminés par la foi, ils nous donnent une réponse qui ouvre notre cœur à la confiance et à l'espérance: dans les mystérieux desseins de la Providence, Dieu sait également tirer du mal un bien plus grand, comme l'écrivit Julienne de Norwich: «J'appris de la grâce de Dieu que je devais rester fermement dans la foi, et que je devais donc solidement et parfaitement croire que tout aurait bien fini...» (*Le livre des révélations,* chap. 32). Oui, chers frères et sœurs, les promesses de Dieu sont toujours plus grandes que nos attentes. Si nous remettons à Dieu, à son immense amour, les désirs les plus purs et les plus profonds de notre cœur, nous ne serons jamais déçus. «Et tout sera bien», «chaque chose sera pour le bien»: tel est le message final que Julienne de Norwich nous transmet et que moi aussi je vous propose aujourd'hui. Merci. » (Benoît XVI, 1/12/2010)

Voici quelques extraits de l'œuvre de Julienne de Norwich intitulée : **Les Révélations de l'Amour Divin** :

Troisième révélation : compréhension spirituelle
« Rien n'est fait par hasard, tout est ordonné et réglé par la prévoyante sagesse de Dieu; s'il nous en semble autrement, c'est que nous sommes aveugles ou à courte vue. Pour l'homme, certaines oeuvres sont bonnes, d'autres mauvaises. Pas pour Dieu; toutes sont bonnes et parfaites, et entre ses oeuvres, la plus grande et la plus petite le sont au même titre. Toutes choses furent, même avant leur accomplissement, établies par lui dans l'ordre qu'elles conserveront pour toujours. Et rien, absolument rien, ne s'en écartera, car c'est dans le plein exercice de sa bonté infinie que Dieu a fait toutes choses; et la Trinité est toujours pleinement satisfaite de toutes ses oeuvres. »

Treizième révélation : compréhension spirituelle
« Notre Seigneur me remit ensuite dans l'esprit l'ardent désir de le posséder; et je vis que rien ne s'y opposait si ce n'est le péché. Je me dis que si le péché n'avait pas existé, nous aurions tous été purs et semblables à Dieu, tel qu'il créa nos premiers parents. Je m'étais souvent demandé pourquoi la grande sagesse de Dieu qui prévoit tout n'avait pas mis obstacle au premier péché; car, pensais-je, tout alors eût été bien. Jésus m'y répondit : "Il convient que le péché existe; mais, sois sans inquiétude, tout ira bien, tout finira bien." Avec ce simple mot *péché*, Notre Seigneur me mit dans l'esprit tout ce qui n'est pas bon en général; toutes les souffrances et douleurs, corporelles ou spirituelles, toutes les souffrances passées ou à venir, y compris la

Passion. Mais je ne vis pas le péché; je crois, en effet, qu'il n'a pas de substance, ni aucune sorte d'être; on ne saurait le connaître autrement que par la souffrance qu'il cause. On peut dire que la souffrance est quelque chose pour un temps donné, car elle nous purifie, nous amène à nous connaître nous-mêmes et à demander miséricorde. Notre bon Seigneur réconforte par ces paroles : "Il est vrai que le péché est cause de toutes ces souffrances; mais tout ira bien, oui, tout ira bien, aie confiance, tout finira bien." Ces paroles me furent adressées avec la plus parfaite tendresse, sans me montrer aucune sorte de blâme. C'était donc bien mal à moi et un grand manque de confiance filiale de me plaindre ou de m'étonner de la conduite de Dieu, alors que Lui ne m'inflige aucun reproche pour mes péchés. Je vis dans ces paroles un merveilleux mystère, profondément caché en Dieu; mystère qu'il nous révélera un jour. Dans mon anxiété pleine de tristesse, je disais à Notre Seigneur : "Ah! Mon bon Jésus, comment pourrait-il se faire que tout aille bien, étant donné le grand mal que le péché fait à la créature?" Notre Seigneur daigna me répondre tout à fait doucement et avec un air des plus tendres : "Puisque j'ai réparé le plus grand mal, tenez pour certain que je réparerai aussi tout ceux qui sont moindres." L'enseignement qui me fut donné ici, c'est que nous devons mettre toute notre confiance en notre bien-aimé Sauveur et nous réjouir en lui seul. »

« **Tout ira bien, tu le verras toi-même.** »
Dans ces deux paroles, mon âme saisit plusieurs enseignements. Jésus veut que nous sachions qu'il ne fait pas seulement attention aux choses nobles et grandes, mais aussi aux petites, aux actions les plus humbles. La moindre chose ne sera ni oubliée ni perdue. C'est là ce que veut dire: *Tout ira bien*.
Dans la seconde parole, il s'agissait des actions mauvaises à nos yeux et qui causent de si grands maux qu'il nous paraît impossible qu'elles arrivent jamais à une bonne fin. Nous le constatons, avec désolation et tristesse, sans pouvoir nous résigner à entrer dans les vues de Dieu comme nous le devrions. Cela vient de ce que notre raison est aveuglée, trop simple pour comprendre la suréminente Sagesse, la Puissance et la Bonté de la Trinité. Par ces mots, Notre Seigneur voulait dire : "Pour le moment, sois seulement fidèle et confiante; un jour viendra où tu verras cela en toute vérité, au sein d'une joie parfaite."

Il y a une Oeuvre que la sainte Trinité accomplira au dernier jour. Quand et comment sera-t-elle faite? Aucune créature ne saurait le dire avant son accomplissement. Cette grande Oeuvre décidée par Dieu de toute éternité, profondément cachée dans son sein, connue seulement de lui, c'est celle où toutes choses seront par lui réparées. Car, de même que la Trinité a créé tout de rien, ainsi fera-t-elle que tout ce qui n'est pas bien le devienne. La plénitude de la joie consiste à voir Dieu en *tout*. Il permet parfois que nous fassions quelques chutes, plus graves qu'auparavant à ce qu'il nous semble. Si nous ne faisions aucune chute, nous ne saurions pas à quel point nous sommes faibles par nous-mêmes; puis nous ne connaîtrions pas aussi bien l'amour extraordinaire que notre Créateur a pour nous. Jamais, à aucun moment, nous n'aurions eu moins de valeur à ses yeux. » (Julienne de Norwich, *Les Révélations de*

L'Amour Divin)

Je veux terminer ce texte en l'honneur de la Trinité par un message que m'a envoyé un de mes meilleurs amis de Québec nommé Michel. Voici ce que m'a écrit Michel : « Le passage suivant d'un film de Pagnol m'a fait penser au sacrement du pardon: Angèle, entraînée par un mauvais garçon, s'est prostituée. Saturnin, l'employé de ses parents, vient la chercher à Marseille (*C'est Fernandel qui jouait le rôle de Saturnin*) et lui dit : « *Écoute, ce qui t'arrive en ce moment, voilà comment je le comprends... C'est comme si on me disait : « Notre Angèle est tombée dans un trou de fumier. » Alors moi j'irais, et je te prendrais dans mes bras, et je te laverais bien. Et je te passerais des bois d'allumettes sous les ongles, et je te tremperais les cheveux dans l'eau de lavande pour qu'il ne te reste pas une paille, pas une tache, pas une ombre, rien... Je te ferais propre comme l'eau, et tu serais aussi belle qu'avant. Parce que, tu sais, l'amitié, ça rapproprie tout, tout, tout... Et si un jour, par fantaisie, tu venais me dire : « Saturnin, tu te rappelles le jour où je suis tombée dans le fumier ? » moi, je te dirais « Quel fumier ? ... Où ?... Quand ? ... Comment ? ... » Moi, je t'ai vue si petite, que je te vois propre comme tu es née*. » En allant voir sur internet, j'ai appris que cette scène est tirée du film de Marcel Pagnol, intitulé : *Angèle*, film français réalisé en 1934 d'après le roman de Jean Giono intitulé : *Un de Baumugnes*. Cela nous montre à quel point tout peut nous parler de Dieu ; tout peut nous instruire sur Dieu : l'art, le roman, le cinéma, la peinture, la nature, etc. JOYEUSE SOLENNITÉ DE LA TRÈS SAINTE TRINITÉ !

(1) Eric-Emmanuel Schmitt, *Mes Évangiles*, Éditions Albin Michel, 2004.

37) Dimanche 17 juin 2012
À quoi pouvons-nous comparer le règne de Dieu ?

Voilà la question qui occupe l'esprit de Jésus dans l'évangile de ce onzième dimanche du temps ordinaire : à quoi vais-je comparer le règne de Dieu? Je dirais plus simplement : à quoi vais-je comparer la vie de Dieu? Jésus est venu sur terre pour nous parler de Dieu, pour nous montrer qui est Dieu, pour nous faire comprendre qui est Dieu. Lui, Jésus, sait qui est Dieu, étant Dieu lui-même, étant une des trois Personnes de la divine Trinité. Il connaît par expérience interne qui est Dieu. Mais comment expliquer cela aux gens, à des humains en particulier? C'est toute une tâche, n'est-ce pas? Un des meilleurs moyens que Jésus ait trouvé pour nous parler de Dieu, ce sont les paraboles, ces petites histoires inventées par Jésus ou ces comparaisons qui sont sorties de son imagination et de son cœur. C'est un moyen approprié pour nous parler de Dieu car la parabole révèle et cache en même temps. On ne peut pas révéler Dieu totalement; on peut dire quelque chose sur Dieu mais son identité et son mode de fonctionnement resteront toujours en grande partie cachés à nos yeux et à notre intelligence. Dans l'évangile d'aujourd'hui, Jésus nous propose deux paraboles. Une des deux paraboles est la suivante :

Jésus disait encore : « À quoi pouvons-nous comparer le règne de Dieu ? Par quelle parabole allons-nous le représenter? Il est comme une graine de moutarde: quand on la sème en terre, elle est la plus petite de toutes les semences du monde Mais quand on l'a semée, elle grandit et dépasse toutes les plantes potagères ; et elle étend de longues branches, si bien que les oiseaux du ciel peuvent faire leur nid à son ombre. » (Marc 4, 30-32)

Première révélation : de même qu'un grain dans un champ **est caché**, de même le règne de Dieu (*ou la vie de Dieu*), est caché. Cela est vrai et je n'ai pas besoin d'essayer de vous convaincre que Dieu est caché. Il est si bien caché que certaines personnes nient son existence. Or, s'il est caché, il faut le trouver. Le trouver où? À l'intérieur. À l'intérieur de quoi ou de qui? À l'intérieur de nous. Un de mes prochains textes sur mon blogue portera sur l'intériorité, l'intériorité comme chemin obligé pour rencontrer Dieu. Pour trouver Dieu, il faut entrer en nous-mêmes. Dieu est au plus profond de nous; Dieu habite en nous. Il n'est pas caché bien loin; Il est caché en nous. Et c'est en nous qu'il faut le trouver. Saint Augustin une fois converti à Dieu a dit cette phrase admirable : *« Je te cherchais à l'extérieur et tu étais à l'intérieur de moi. Je te cherchais dans tes créatures et je négligeais le Créateur.»* Il faut s'exercer à chercher et à trouver Dieu là où il se trouve : au dedans de nous. Jésus n'a-t-il pas dit aussi : **«** *Le Royaume de Dieu est au-dedans de vous* **»**, selon la traduction que la Vulgate (*la Vulgate est la traduction latine de la Bible qu'a faite saint Jérôme*) fait du texte que l'on retrouve en Luc 17, 21?

Le cardinal Carlo Maria Martini, dans une retraite qu'il prêchait à des jeunes, a essayé de leur faire comprendre comment nous pouvons rencontrer le Seigneur. De fait, ce sont les jeunes eux-mêmes qui lui avaient demandé : *« Comment pouvons-nous apprendre à mieux prier pour pouvoir rencontrer plus intimement le Seigneur? »* (Carlo Maria Martini, *Tu mi scruti e mi conosci*, Àncora, p.77) Le cardinal Martini a alors invité les jeunes au recueillement, à entrer en eux pour y trouver Dieu. Le cardinal a alors donné deux exemples : son expérience personnelle et l'exemple du pape Jean-Paul II. Voici ses paroles que je traduis pour vous de l'italien :
« Je me trouve souvent distrait par des visites, des audiences, des rencontres, des appels téléphoniques, des nouvelles; mais du moment où je réussis finalement à me recueillir, je vois plus clairement ce que Dieu veut de moi, ce que je dois faire, ce qui est vraiment important. Et je reprends force. C'est un secret que celui du recueillement. J'ai pu, à titre d'exemple, constater que notre Saint Père le pape Jean-Paul II connaît ce secret et le vit quotidiennement. Durant les voyages très fatigants qu'il fait, quand il est forcé de parler continuellement, le pape réussit toujours à trouver ne serait-ce que quelques minutes pour se recueillir en silence. Il semble alors se détacher de tout et de tous car il demeure immobile, concentré. Il m'est arrivé de le noter alors que nous étions ensemble en hélicoptère. De même aussi le matin, avant de commencer sa journée intense et fatigante, le pape se retire dans sa chapelle dans un silence absolu et reste immobile. Je pense que c'est justement à

cause de cette profonde intériorité qu'il est plein de force lorsqu'il parle. » (Ibid, pp. 78-79)

Et voici la deuxième parabole que Jésus nous propose dans l'évangile d'aujourd'hui : **Jésus disait : « Il en est du règne de Dieu comme d'un homme qui jette le grain dans son champ : nuit et jour, qu'il dorme ou qu'il se lève, la semence germe et grandit, il ne sait comment. D'elle-même, la terre produit d'abord l'herbe, puis l'épi, enfin du blé plein l'épi. Et dès que le grain le permet, on met la faucille, car c'est le temps de la moisson.** » (Marc 4, 26-29)

Deuxième révélation : la semence, aussi petite soit-elle, aussi cachée soit-elle, possède une puissance énorme, une énergie énorme, une vitalité énorme. Cette petite semence a la possibilité de produire au centuple. Et rien n'arrête sa croissance. Que je dorme ou que je sois éveillé, elle grandit. Cette parabole que seul l'évangéliste saint Marc nous rapporte, est certainement une des plus optimistes et réalistes qui soient. La vie de Dieu croît en celui qui croit; et croît toujours, à moins de tuer volontairement cette vie divine; ce qui, malheureusement, peut arriver. Mais même là, la vie pourra ressusciter si nous le désirons. Ne dit-on pas qu'à Hiroshima ou à Nagasaki, alors que la bombe atomique avait tout détruit et tué, la végétation et la vie se sont mises à renaître après des années.
Cette petite parabole de Marc nous enseigne que même s'il y a du chiendent autour de la plante, même s'il y a du chiendent dans ma vie de chrétien à cause de mes péchés, de mes nombreux péchés, la vie divine croît toujours, grandit toujours, progresse toujours. Comme c'est beau, n'est-ce pas ??? Et comme c'est encourageant !!!
Jésus, pour révéler Dieu, ne s'est pas servi de raisonnements théologiques, de démonstrations mathématiques; Il s'est servi de la nature et de l'observation de la nature. Le surnaturel, comme le mot le dit, est un ajout à la nature. Pour comprendre le surnaturel, il faut « observer la nature », l'observer au sens de la regarder attentivement mais l'observer aussi au sens de respecter ses demandes et ses exigences.

38) Dimanche 1er juillet 2012
Jésus Christ

Bonjour à vous ! Si vous fréquentez régulièrement ce blogue, vous avez sûrement remarqué que je vous propose la plupart du temps des textes écrits par moi. Mais il m'arrive de mettre sur ce blogue des textes écrits par d'autres personnes lorsque je considère qu'ils sont très actuels et d'une grande importance. C'est le cas du texte que je vous propose aujourd'hui. Je viens tout juste de relire ce texte car il se trouve dans le livre de prières appelé « *le bréviaire* (ou la « *prière du temps présent* ») » que les prêtres et diacres (*entre autres personnes*) utilisent chaque jour pour s'unir à Dieu. Aujourd'hui, nous sommes le treizième dimanche du temps ordinaire. Or, chaque année, lors de ce dimanche, notre mère l'Église nous propose comme deuxième lecture de l'office du bréviaire que nous appelons « *l'office des lectures* », un texte du pape Paul VI intitulé : *Jésus Christ*. Ce texte est un extrait de l'homélie que le pape Paul VI a prononcée à Manille, aux Philippines (*et donc à l'autre bout du monde*), le 29 novembre 1970. Paul VI a été pape de 1963 à 1978. Avant d'être élu pape, son nom était Giovanni Battista Montini. Ce successeur de Jean XXIII a choisi comme nom Paul VI. Il a donc voulu se mettre tout spécialement sous la protection de l'apôtre Paul, le missionnaire par excellence. Dès le début du texte que vous lirez dans un instant, on remarque l'influence de saint Paul. Dès le début de l'homélie, le pape affirme avec force son autorité apostolique. Il cite une phrase de Paul (*il citera d'ailleurs plusieurs phrases de cet apôtre dans son homélie*) dans sa première lettre aux Corinthiens et tout de suite après cette phrase, le pape adopte une façon de faire que l'on retrouve dans plusieurs lettres de l'apôtre Paul : il nous dit que c'est Jésus lui-même qui l'a envoyé comme messager et apôtre. Ceci est vraiment extraordinaire. Le pape Paul VI est parfaitement conscient que c'est Jésus, notre Maître et Seigneur, qui l'a choisi et envoyé comme Apôtre. C'est cette relation à Jésus qui est le thème de l'homélie dont vous lirez quelques extraits. Paul VI est le premier pape qui a parcouru le monde pour annoncer l'évangile. Il a été suivi admirablement en cela par le bien-aimé pape Jean-Paul II. Voici donc quelques extraits de l'homélie prononcée par Paul VI à Manille (1):

« Moi, Paul, successeur de saint Pierre, chargé de la mission pastorale pour l'Église entière, je ne serais jamais venu de Rome jusqu'à ce pays extrêmement lointain, si je n'étais fermement persuadé de deux choses fondamentales : la première : du Christ; la deuxième, de votre salut. Du Christ ! Oui, je sens la nécessité de l'annoncer, je ne puis pas le taire : *« Malheur à moi si je n'annonçais pas l'Évangile ! »*(1 Cor 9, 16) Je suis envoyé par Lui, par le Christ lui-même, pour cela. Je suis apôtre, je suis témoin. Plus le but est éloigné, plus la mission est difficile, plus est urgent l'amour qui nous pousse (2 Cor 5, 14). Je dois proclamer son nom : Jésus est le Christ, le Fils du Dieu vivant. C'est Lui qui nous a révélé le Dieu invisible; c'est Lui qui est le Premier Né de toute créature; Il est le fondement de toute chose. Il est le maître de l'humanité et son rédempteur; il est né, il est mort, Il est ressuscité pour nous; Il est le centre de l'histoire et du monde; Il est Celui qui nous connaît et qui nous aime ; il est le compagnon et l'ami de notre vie, l'homme de la douleur et de l'espérance; c'est Lui qui doit venir, qui sera finalement notre juge et aussi, nous l'espérons, la plénitude éternelle de notre existence, notre félicité.

Je n'en finirais jamais de parler de lui ; il est la lumière, il est la vérité ; bien plus, il est le chemin, la vérité et la vie. Il est le pain, la source d'eau vive qui comble notre faim et notre soif. Il est notre berger, notre chef, notre modèle, notre réconfort, notre frère. Comme nous et plus que nous, il a été petit, pauvre, humilié, travailleur, opprimé, souffrant. C'est pour nous qu'il a parlé, accompli ses miracles, fondé un royaume nouveau où les pauvres sont bienheureux, où la paix est le principe de la vie commune, où ceux qui ont le coeur pur et ceux qui pleurent sont relevés et consolés, où les affamés de justice sont rassasiés, où les pécheurs peuvent obtenir le pardon, où tous découvrent qu'ils sont frères. Jésus Christ : vous avez entendu parler de lui; bien plus, pour la majorité d'entre vous, vous lui appartenez déjà, vous êtes chrétiens. Eh bien à vous chrétiens, je répète son nom, et je l'annonce à tous : le Christ Jésus est le principe et la fin, l'alpha et l'oméga, le roi du monde nouveau; Il est le secret de l'histoire; Il est la clef de nos destins; Il est le médiateur et pour ainsi dire le pont entre la terre et le ciel. Il est, de la façon la plus haute et la plus parfaite, le Fils de l'homme, parce qu'il est le Fils de Dieu, éternel, infini ; et il est le fils de Marie, bénie entre toutes les femmes, sa mère selon la chair et notre mère par notre participation à l'Esprit du Corps mystique. Jésus Christ ! Retenez-le bien: c'est notre annonce perpétuelle, c'est la voix que nous faisons retentir par toute la terre (Rom 10, 18), et pour l'éternité des siècles (Rom 9, 5).

Souvenez-vous de ceci et méditez ceci : le pape est venu ici parmi nous, et il a crié : Jésus Christ ! Et ici j'exprime la deuxième idée dynamique qui m'a conduit à vous : nous devons célébrer Jésus Christ non seulement pour ce qu'Il est en lui-même, mais nous devons le louer et l'aimer pour ce qu'Il est pour nous, pour chacun de nous, pour chaque peuple et pour chaque civilisation. Christ est notre Sauveur. Christ est notre bienfaiteur suprême. Christ est notre libérateur. Christ nous est nécessaire pour être des personnes humaines dignes et vraies dans l'ordre temporel, et des personnes sauvées et élevées à l'ordre surnaturel. » (*Prière du temps présent*, lecture 13° semaine temps ordinaire)

(1) Ce texte est tellement sublime à mes yeux, que j'ai été voir l'original en italien et je me suis permis de faire quelques corrections dans le texte tel que rapporté dans le bréviaire en français.

39) Vendredi 6 juillet 2012
Nouwen, Rembrandt et « *Le Retour de l'enfant prodigue* »

Henry J.M. Nouwen est un de mes auteurs préférés. Ce prêtre d'origine hollandaise a été révélé au Québec grâce à un petit livre publié en 1991 par la maison d'édition *Novalis* et intitulé : « *Au nom de Jésus, Réflexions sur le leadership chrétien* ». Dans ce petit livre, Nouwen, cet homme d'une intelligence supérieure et d'une culture extraordinaire, nous dit comment il est passé d'une carrière universitaire prometteuse à la vie avec des personnes ayant un handicap intellectuel profond au sein de *l'Arche* fondée par Jean Vanier, le fils de l'ancien gouverneur général du Canada. Après vingt ans d'enseignement comme professeur dans les plus grandes universités américaines telles Harvard, Yale et Notre-Dame et une carrière d'écrivain reconnue mondialement, ce prêtre désormais parvenu au début de la cinquantaine, a vécu une crise spirituelle profonde en se posant la question suivante : « *Est-ce que le fait de vieillir m'a rapproché de Jésus ?* ». Voici son témoignage :

« *Après vingt-cinq ans de prêtrise, je réalisais que je priais peu, que je vivais de façon isolée et que j'étais très préoccupé par des questions brûlantes. Je recevais les louanges de nombreuses personnes qui ne cessaient de me dire que tout allait bien dans ma vie, mais quelque chose en moi me disait que mon succès était en train de mettre mon âme en danger. ... J'ai alors commencé à prier : « Seigneur, montre-moi où tu veux que j'aille, mais s'il te plaît, fais-le de façon claire, sans ambiguïté.* » Eh *bien ! Dieu a répondu à ma demande. Par la personne de Jean Vanier, le fondateur des communautés de l'Arche pour personnes handicapées mentales, Dieu m'a dit :* « **Va vivre parmi les pauvres en esprit, et ils te guériront.** » *L'appel fut si clair et si distinct que je n'avais pas d'autre choix. J'ai donc quitté Harvard pour me rendre à l'Arche.* » (<u>Au nom de Jésus</u>, p. 10)

Je trouve bien humble ce Nouwen qui dit qu'il n'avait pas d'autre choix que de répondre à cette invitation. De fait, je considère qu'Henri Nouwen a fait preuve de beaucoup de courage pour répondre à un tel appel. C'est d'ailleurs une des caractéristiques de cet homme d'être courageux; de se poser les vraies questions et d'essayer d'y répondre existentiellement dans sa vie. Nouwen a vécu dix ans au sein de *L'Arche* de Jean Vanier : les dix dernières années de sa vie. Il est décédé en 1996. C'est surtout en 1986, juste avant son arrivée à l'Arche, que Nouwen a réalisé à quel point le tableau de Rembrandt intitulé « *Le Retour du fils prodigue* » était important dans sa vie. Ce tableau a eu une influence énorme dans la vie et la spiritualité de Nouwen et l'a conduit peu à peu à découvrir sa véritable vocation sur cette terre, ce pour quoi il était réellement fait. Cette expérience a donné lieu à un des plus beaux livres écrits par Nouwen : <u>Le Retour de l'enfant prodigue</u>. En 1986, un de ses amis lui téléphone et lui dit : « *Je m'en vais en Russie; voudrais-tu venir avec moi?* » Immédiatement Nouwen a pensé à la possibilité de voir de ses yeux la peinture de Rembrandt qui se trouve au musée de *L'Ermitage* à Léningrad, et il a accepté de faire ce voyage avec son ami. Voici ce que nous dit Nouwen à ce sujet : « *Après que nous fûmes arrivés en Russie, au prix de quelques efforts, je pris finalement contact avec le conservateur du musée de l'Ermitage. Je lui dis : « Je veux voir le tableau. C'est tout. Je ne veux pas me trouver dans une file de gens et le regarder en passant. Je veux m'asseoir devant et rester là aussi longtemps que je voudrai ! Je ne veux rien d'autre !* » *Avec beaucoup de gentillesse, il me conduisit au tableau, qui faisait 8 pieds (2,5 mètres) de haut et occupait un des murs du musée, et me plaça directement devant lui. Je m'assis sur une des trois chaises recouvertes de velours qui se trouvaient devant le tableau, et je le contemplai à la satisfaction de mon cœur. Je l'étudiai soigneusement, puis je commençai à prendre des notes pendant que les visiteurs venaient en foule, s'arrêtant un moment, puis continuant leur visite. ... Je m'assis devant le tableau durant trois jours, deux à trois heures par jour, en l'observant, en l'étudiant, en réfléchissant et en prenant des notes.* » (Henri Nouwen, <u>Revenir à la maison ce soir</u>, p. 39 et p. 41)

Avant de lire ce qui suit, je conseille à ceux et celles parmi vous qui n'ont jamais vu la peinture de Rembrandt intitulée « *Le retour du fils prodigue* », d'aller sur internet grâce au moteur de recherche *Google* et d'écrire les mots suivants: *Le retour du fils prodigue par Rembrandt*. Dans son livre intitulé : « *Le Retour de l'enfant prodigue* », Nouwen se place dans un premier temps dans la peau du fils cadet qui désire à tout prix son indépendance et montre à quel point le fils cadet lui ressemble. Ensuite il se place dans la peau du fils aîné qui juge son frère de haut, qui se croit meilleur que lui, etc, et Nouwen nous montre clairement qu'il lui arrive aussi d'être ce personnage. Mais le sommet du livre, tout comme le sommet de la parabole de Jésus, porte sur le

Père rempli de miséricorde pour ses deux fils. Et c'est ce Père que Nouwen désire devenir au fil des jours et des années et qu'il nous invite à imiter. Le tableau de Rembrandt a été l'occasion pour Nouwen d'entrer profondément dans le cœur du *Père miséricordieux* de la parabole de Jésus. Dans un de ses écrits, Nouwen nous dit pourquoi, selon lui, Rembrandt a été capable de saisir quelque chose de l'infinie miséricorde de Dieu :

« Rembrandt a peint le tableau de l'enfant prodigue entre 1665 et 1667, à la fin de sa vie. Lorsqu'il était un jeune peintre, il était bien connu à Amsterdam et il recevait des commandes pour exécuter le portrait de tous les personnages importants de son époque. Il avait la réputation d'être arrogant et ergoteur, mais il était accepté dans les cercles des riches et des puissants de la société. Puis, progressivement, sa vie commença à se détériorer.

D'abord, il perdit un fils,
puis il perdit sa première fille,
puis il perdit sa seconde fille,
puis il perdit sa femme,
puis, la femme avec laquelle il vivait, termina sa vie dans un hôpital psychiatrique,
puis il se maria une deuxième fois et sa femme mourut,
puis il perdit tout son argent et sa notoriété,
et, juste avant de mourir lui-même, il fut témoin du décès de son fils Titus.

Le peintre de ce tableau est un homme qui a fait dans sa vie l'expérience d'une immense solitude. Ayant vécu des pertes immenses et ayant été témoin de la mort de plusieurs proches, Rembrandt aurait pu devenir une personne amère, en colère et pleine de ressentiment. Au lieu de cela, il devint celui qui a pu peindre un des tableaux les plus intimes de tous les temps, *Le retour du fils prodigue*. Ce n'est pas là un tableau qu'il aurait pu peindre lorsqu'il était jeune et que tout lui réussissait. Non, car il ne fut capable de peindre la pitié d'un père aveugle que lorsqu'il eut lui-même tout perdu : tous ses enfants sauf un, deux de ses femmes, tout son argent, sa notoriété ainsi que la popularité dont il jouissait. C'est alors seulement qu'il fut capable de peindre ce tableau, et il le peignit depuis un endroit à l'intérieur de lui-même où il savait ce qu'était la miséricorde de Dieu. D'une certaine façon, ses pertes et ses souffrances l'avaient vidé, le rendant apte à accueillir pleinement et profondément la miséricorde de Dieu. Lorsque Vincent Van Gogh vit ce tableau, il s'exclama : « Vous ne pouvez peindre ce genre de tableau que lorsque vous êtes mort plusieurs fois. » Rembrandt ne put le faire que parce qu'il était mort tant de fois qu'il savait dorénavant ce que la miséricorde de Dieu signifie vraiment. » (Henri Nouwen, *Revenir à la maison ce soir*, Bellarmin, 2009, pp. 37-38)

Voici maintenant un texte trouvé au hasard, sur l'internet, qui nous aide grandement à apprécier le chef d'œuvre de Rembrandt qu'est *Le retour du fils prodigue* :

« Inspirée par le chapitre 15 de l'évangile de Luc , cette toile de 2,62m x 2,05m, peinte vers 1667, se trouve au musée de l'Ermitage à St Petersbourg. Très connue, cette œuvre a souvent été reproduite. Elle sert souvent de support catéchétique pour aborder le sacrement de la réconciliation. Quelquefois, et même assez souvent, on n'en regarde qu'une partie, se concentrant sur le groupe extraordinaire du père et de son fils, oubliant les autres personnages. Le Père Paul Baudiquey qui a longuement contemplé et commenté ce tableau écrit que, « pour lui, c'est le premier portrait « grandeur nature » pour lequel Dieu lui-même ait jamais pris la pose ». En effet, c'est bien ce groupe du père et de son fils qui attire l'attention et la retient longuement.

Rembrandt a une soixantaine d'année quand il peint cette œuvre. C'est un homme usé par les faillites et les deuils. C'est un homme sans fard, sans masque. Sa pâte picturale est à son image : brute, épaisse, creusée et recreusée, sans chercher à la rendre lisse. Rembrandt sait bien que la vie d'un homme n'est pas lisse, mais qu'elle a toutes les raisons d'être burinée au fil du temps. Cet homme qui pleure encore son propre fils, Titus, va mettre toute son intériorité à peindre ce père prodigue en miséricorde. Un visage ridé et presque aveugle, aux yeux usés d'avoir guetté l'improbable retour. Une stature arrondie, presque ovale, forme de mandorle d'un tympan roman, une stature de porche royal pour protéger l'enfant revenu. Le père décrit par la parabole et peint ici par Rembrandt n'est pas un père rigide, drapé dans sa droiture, enfermé dans une justice de purs. C'est un Père qui ne cesse de descendre vers nous, de se pencher vers nous, de guetter nos pauvres pas pour retourner vers lui, surveillant inlassablement nos chemins. Et lorsqu'il a la joie de nous voir retourner, ne fût-ce que d'un pas, vers lui, il n'a de cesse de nous accueillir tout près de lui comme un Père de tendresse. On commente souvent cette œuvre en parlant des deux mains du père : l'une serait plus masculine, l'autre plus féminine. Peut-être n'est-ce qu'une opinion. Mais on observe la même part de féminité ou de maternité du père dans l'attitude du fils qui vient se nicher contre le ventre paternel, attitude convenant plus à une mère qu'à un père. Cet homme redevenu enfant vient s'appuyer contre les entrailles matricielles à qui il doit sa renaissance.

Regardons maintenant le fils : il est peint comme une sorte de condamné, ses cheveux rasés comme un sorti de prison, sa tunique déchirée, un pied nu, l'autre à moitié (les pieds nus dans la peinture du 17ième siècle signifiant souvent l'attitude d'adoration prêtée aux anges), prosterné. Le vide d'une sandale nous permet de contempler qu'il a été nécessaire à ce fils de parvenir à cette pauvreté, de se sentir vide et vidé, pour trouver la force de vouloir échapper à ces emprisonnements et ainsi redevenir assez petit enfant pour se blottir tout contre son père, la tête nichée tout contre son corps. Enfin délivré de ses fausses richesses, celles de ses plaisirs, il peut maintenant comprendre la vraie richesse du Père : celle de son amour sans condition. Et le manteau royal posé sur les épaules du Père peut maintenant envelopper à nouveau le fils.

D'autres personnages apparaissent dans le tableau. Simples spectateurs, leur présence est moins intense. On a beaucoup écrit sur eux : qui sont-ils ? que pensent-ils ? Une chose est sûre, c'est qu'ils s'étonnent, tous. Celui qui nous interpelle le plus est cet homme qui reste drapé dans sa droiture, sa verticalité, exactement à l'inverse du Père qui renonce à sa droiture pour s'abaisser vers son fils. Il semble peiner à goûter la miséricorde infinie qu'il contemple pourtant. Sa sévérité pourrait bien nous faire penser à celle du fils revenu des champs. Mais qu'importe ? Quelle que soit son identité, il nous invite à nous interroger sur le regard que nous portons sur la miséricorde de Dieu, à quel point nous croyons à sa miséricorde et jusqu'à quel point elle nous émerveille et nous réjouit. De fait, on raisonne parfois comme le fils aîné, choqués par un Dieu qui pardonnerait aux pires pécheurs et semblerait moins aimer ses autres enfants vivant le plus possible dans la droiture. Mais refuser l'amour infini du Père, refuser d'entrer dans cette attitude de miséricorde, c'est refuser le Père tout entier. Et ce chemin est encore plus faux que le chemin du fils parti se tromper de richesses mais revenu à la source amoureuse du père prodigue en miséricorde. » (Tiré du site internet : *Port Saint Nicolas*)

40) Dimanche 8 juillet 2012
Réflexions sur la souffrance

En ce quatorzième dimanche du temps ordinaire de l'année B, notre Mère l'Église nous présente comme deuxième lecture à la messe, un texte assez extraordinaire de saint Paul. Le voici :
« *Frères, les révélations que j'ai reçues sont tellement exceptionnelles que, pour m'empêcher de me surestimer, j'ai dans ma chair une écharde, un envoyé de Satan qui est là pour me gifler, pour m'empêcher de me surestimer. Par trois fois, j'ai prié le Seigneur de l'écarter de moi. Mais il m'a déclaré : « Ma grâce te suffit : ma puissance donne toute sa mesure dans la faiblesse. » Je n'hésiterai donc pas à mettre mon orgueil dans mes faiblesses, afin que la puissance du Christ habite en moi. C'est pourquoi j'accepte de grand cœur pour le Christ les faiblesses, les insultes, les contraintes, les persécutions et les situations angoissantes. Car, lorsque je suis faible, c'est alors que je suis fort.* » (2 Cor 12, 7-10)

D'abord, remercions saint Paul d'avoir eu le courage et la bonté de nous révéler quelque chose d'essentiel et de très intime dans sa vie. Nous savons désormais de source sûre que saint Paul a vécu une difficulté principale dans sa vie de chrétien et que cette difficulté l'a fait beaucoup souffrir. À première vue, nous aimerions tous et toutes, je pense, savoir plus clairement et plus exactement en quoi consistait cette « *écharde dans sa chair* ». Mais à bien y penser, je me réjouis du fait que saint Paul ne nous ait pas donné plus de détails concernant sa vie privée. Cela nous montre que chacun de nous a une vie privée et que, idéalement, notre vie privée devrait demeurer privée. Et spécialement ce qui a trait à nos combats intérieurs, à nos luttes intérieures.

Cette expérience de saint Paul va nous permettre de dire quelques mots sur le mystère de la souffrance. La première chose que nous pouvons dire, c'est un gros merci à Dieu d'avoir bien voulu éclairer par sa Parole, le mystère de la souffrance. Si Dieu est un bon papa comme nous l'a si bien révélé Jésus, il fallait qu'Il nous dise quelque chose sur la souffrance. Je ne sais pas si toi qui me lis en ce moment, tu es croyant ou non croyant; chrétien ou non chrétien. Mais si tu es chrétien ou chrétienne, je t'invite à remercier Dieu de cet immense cadeau qu'Il t'a fait. Nous avons pour éclairer notre route sur cette terre, la Parole de Dieu, la Bible. Une phrase du psaume 119 est merveilleuse à ce propos : « *Ta parole est une lampe sur mes pas, une lumière sur ma route.* » (Psaume 119, verset 105). Oui, quelle lumière que cette Parole de Dieu pour nous!

Saint Paul nous dit que l'écharde dans sa chair l'a aidé à rester humble, l'a aidé à ne pas se surestimer. Voilà un des fruits que produit la souffrance dans notre vie : elle nous aide à demeurer humbles. Et ce n'est pas peu. Car l'être humain, de tout temps, a la tendance à s'enorgueillir. C'est même l'orgueil, et d'une façon spéciale, le désir de se faire Dieu, de se faire l'égal de Dieu, qui semble être à l'origine du premier péché, selon la bible. Il est vrai que si tout allait toujours bien dans notre vie, nous pourrions nous prendre pour un autre, et même pour Dieu. Nous pourrions aussi nous considérer consciemment ou non comme étant supérieurs aux autres. Or, le mal et la souffrance sont « *heureusement* » le lot de chaque être humain un jour ou l'autre. Je sais que cette dernière phrase pourra sembler scandaleuse à première vue pour plusieurs, mais elle vaut, je pense « *a second thought* », une certaine réflexion.

Saint Paul nous dit qu'au contact de sa souffrance, par trois fois il a prié Dieu de l'écarter de lui. Je pense, personnellement, que le chiffre trois est symbolique et qu'il désigne en fait une multitude de fois. Voilà un autre très beau fruit de la souffrance : elle nous fait nous tourner vers Dieu; elle nous fait prier. Si tout allait bien dans notre vie, de façon constante, comme il serait facile d'oublier Dieu ! Vous et moi, nous connaissons tous des personnes qui ont témoigné de cela : elles ne pensaient jamais à Dieu avant d'avoir connu l'épreuve. C'est l'échec, la maladie, la faillite, ou la perte d'un être cher qui a été très souvent la cause ou l'occasion de leur « *retour à Dieu* »; non seulement la souffrance a fait en sorte que ces personnes ont pensé à Dieu pour la première fois de leur vie, mais très souvent l'épreuve leur a permis de développer une confiance en Dieu qu'elles ont gardé tout au long de leur vie. N'est-ce pas que cela est extraordinaire?

Ceci nous amène à la réponse merveilleuse que Dieu a donné à la prière de saint Paul, à la demande de saint Paul : « *Ma grâce te suffit; ma puissance donne toute sa mesure dans la faiblesse.* » Quelle lumière que cette parole !!! La grâce de Dieu, son aide toute gratuite, ne me fera jamais défaut. Peu importe ce que je vivrai, peu importe la gravité de ce que je vivrai, l'aide de Dieu sera toujours là et en surabondance. Le même saint Paul ira jusqu'à dire un jour : « *là où le péché a abondé, la grâce a surabondé* » (Rom 5, 20). Saint Paul a aussi écrit ceci : « *Aucune tentation ne vous est survenue, qui passât la mesure humaine. Dieu est fidèle ; il ne permettra pas que vous soyez tentés au-delà de vos forces ; mais avec la tentation, il vous donnera le moyen d'en sortir et la force de la supporter.* » (1 Cor 10, 13)

Voilà l'image de Dieu que nous donne la Bible, la Parole de Dieu. Un Dieu qui ne veut pas la souffrance, qui ne veut pas la tentation. La preuve en est que Jésus nous a dit de demander ceci dans le Notre Père : « ***Délivre-nous du mal*** ». Le mal est mal et Dieu ne veut pas le mal, qu'il soit physique, psychologique ou moral. Mais il y a plus que cela dans la réponse de Dieu à saint Paul : « *Car ma puissance donne toute sa mesure dans la faiblesse.* » Comme ces paroles divines sont lumineuses ! Elles ont tellement ébloui saint Paul que ce dernier nous dit qu'il en est venu un jour à se glorifier de ses faiblesses, à mettre son orgueil dans ses faiblesses : « *Je n'hésiterai donc pas à mettre mon orgueil dans mes faiblesses, afin que la puissance du Christ habite en moi. C'est pourquoi j'accepte de grand cœur pour le Christ les faiblesses, les insultes, les contraintes, les persécutions et les situations angoissantes. Car, lorsque je suis faible, c'est alors que je suis fort.* » (2 Cor 12, 9-10)
Dans le texte précédent que j'ai mis sur ce blogue, en date du 6 juillet 2012, texte intitulé : « *Nouwen, Rembrandt et « Le Retour de l'enfant prodigue* », nous avons une preuve de ce que dit ici saint Paul : c'est après avoir vécu de terribles souffrances et de terribles deuils que Rembrandt put peindre le Père miséricordieux. Or, ce Dieu plein de miséricorde que Rembrandt a réussi à peindre de façon si extraordinaire, il l'a peint de l'intérieur. C'est grâce à son cœur nouveau, meurtri, changé et purifié par la souffrance que Rembrandt a pu peindre cette œuvre magistrale. Dans un autre texte mis sur mon blogue en date du 16 octobre 2011 et intitulé « *Guéri par le Frère André* », j'ai partagé avec vous la plus grande épreuve que j'ai vécue durant ma vie : une dépression sévère qui a duré près d'un an. En 1997-1998, j'ai littéralement vécu l'enfer. Or, avec le recul, je puis dire que cette dépression sévère a été une grâce pour moi. Il y a des choses qui ont changé en moi qui n'auraient pas pu changer, j'en suis certain, si je n'avais pas été en contact avec une souffrance aussi grande. Je suis devenu beaucoup plus humble. Il me semble aussi avoir perdu toute peur. Avant 1998, je n'aurais jamais accepté de devenir curé de paroisse car j'avais une peur bleue des responsabilités. Après ma dépression, plus rien ne me faisait peur, semble-t-il. Lorsque tu as touché le fond du baril, tu ne peux que remonter.

Voilà ce que le court texte de saint Paul que nous avons entendu proclamer aujourd'hui en Église, nous révèle à sa façon. Le psalmiste a bien raison de dire : « ***Ta parole est une lampe sur mes pas, une lumière sur ma route*** » (Ps 119, 105),

41) Jeudi 19 juillet 2012
Didier Decoin : à contre-courant

J'aime les gens qui vont à contre-courant. Le chrétien, depuis toujours, nage à contre-courant sur la mer de ce monde. C'est sa mission, c'est sa vie, c'est son bonheur. Heureux le chrétien, heureuse la chrétienne dont la vie modelée sur Jésus, interpelle, dérange, questionne. J'ai commencé ces jours-ci la lecture du livre de Didier Decoin intitulé : *Il fait Dieu*. Pour Didier Decoin, il fait Dieu comme pour d'autres il fait jour.

C'est lui-même qui le dit. Autrement dit, pour lui, Dieu est devenu une évidence, Dieu est l'oxygène qui le fait vivre. Decoin nage en Dieu comme un poisson nage dans l'eau. Cet homme, né en 1945, a été journaliste, romancier (récipiendaire du prix Goncourt en 1977 pour son roman : <u>John l'Enfer</u>), scénariste et réalisateur de films. Il est marié et père de trois enfants. Il vit en Normandie.

Il y a un courant d'idée qui circule depuis fort longtemps. D'après ce courant, Dieu est une drogue. Marx est un de ceux qui l'ont dit : la religion est l'opium du peuple. Si les gens croient, c'est parce qu'ils veulent croire et ils veulent croire pour que la vie leur soit plus facile, le mal ou les épreuves, plus supportables. En croyant qu'il existe un Dieu qui nous aime et qui nous réveillera du sommeil de la mort, tout prend un sens et tout devient par le fait même plus facile. Dieu et la religion sont donc une drogue à bon marché mais très efficace pour ceux qui veulent s'évader de ce monde où l'on peine à vivre. Didier Decoin, dans son essai publié en 1975 et intitulé <u>Il fait Dieu</u>, met la hache dans ce courant d'idée tout à fait farfelu et erroné. Et il le fait de façon merveilleuse, en appuyant parfois très fort.

Voici quelques extraits de son livre au chapitre intitulé : *L'enfer de Dieu*; dans ce chapitre, Decoin va jusqu'à dire « *qu'aimer Dieu c'est vivre un enfer* ».

« Il ne m'est jamais arrivé de confesser ma foi sans susciter l'envie – la jalousie parfois, mais l'envie de toute façon.

Croire est confortable, me dit-on. Et d'ajouter que pour qui fonde sa vie sur Dieu, tout devient singulièrement clair, établi. …

Avec Dieu, me dit-on, tout s'explique. Aucune trappe ne s'ouvre plus sur le néant, ni sur l'absurde (lequel est pire que le néant). Je n'oublie pas cette phrase d'un ami incroyant : Nous sommes tous des navigateurs. Mais toi, tu sais toujours où tu es et où tu vas. …

Dieu est d'abord un Dieu compensateur, paraît-il. Et les hommes ont un besoin presque vital de cet énorme système de balance, où le jour succède à la nuit, le soleil à la pluie, l'assouvissement à la faim, l'amour à la haine, la vie à la mort.

Le raisonnement est trop beau. Trop humain, sans doute. Le monde où il fait Dieu n'est pas un monde assuré, ni rassuré. Car dans le monde où il fait Dieu, il n'y a ni compensation, ni balance. Aimer Dieu, c'est vivre un enfer. » (<u>Il fait Dieu</u>, pp. 19-21)

En la nuit du 8 septembre de l'année qu'il taira jusqu'à la fin du monde, Didier Decoin a rencontré l'Amour qui l'aime de toute éternité. Et chaque jour cet amour le brûle et le lance vers de nouveaux défis. Comment une personne croyante peut-elle ne pas souffrir d'aimer si peu qui l'aime infiniment. Seule la personne qui n'a jamais rencontré l'Amour infini peut penser et imaginer que croire en Dieu est une tâche facile. Croire en Dieu n'est pas une sinécure; c'est une aventure; la plus belle des aventures qui soient. Belle, mais souvent douloureuse :

« *La seconde exigence vint de Dieu. Ce fut la plus terrible : il s'agissait de Lui rendre ce qu'Il m'avait offert – l'amour. Cette exigence ne fut pas satisfaite, et ne le sera pas. Car ma puissance d'aimer faiblit au pied du lit, avec la fatigue et le sommeil.*

C'est un exemple, il y en a d'autres. Alors, à tous ceux qui parlent sans savoir, à tous ceux qui s'exclament que la foi (et même la certitude!) sont des récompenses, des gratifications splendides, moi je dis que croire est surtout une humiliation : celle de vivre, chaque minute de chaque heure de chaque jour, mon incapacité d'aimer.
    Oh, ce n'est pas Dieu qui est loin de l'homme, mais l'homme qui est loin de Dieu.
    Ne pas savoir, ne pas pouvoir aimer qui vous aime parfaitement et inlassablement; avancer de deux pas pour, aussitôt reculer de trois; prendre tout et ne donner qu'à moitié; répondre à la brûlure par la tiédeur, à la cascade par la sécheresse – éprouver tout cela, n'est-ce pas une forme d'enfer ? » (Il fait Dieu, pp. 24-25)
    « L'homme sans Dieu est un homme à la maison. Son jardinet est étroit, mais au moins est-il fermé de partout. Une sécurité ronronnante compense le manque d'horizons. Si les fleurs qui s'y épanouissent ont de maigres corolles et peu de parfums, elles sont dénuées d'épines.
    L'homme avec Dieu est un errant. Il ne sait jamais où, ce soir, il reposera sa tête. Si la pierre, en guise d'oreiller, sera moussue ou tranchante.
    Tes exigences sont formidables, mon gentil Seigneur. Tu me demandes toujours ce que je voudrais ne pas Te donner. Tu m'attends exactement là où je voudrais ne pas aller. Qui te trouve trouve aussi l'inconfort, l'exaspération.
    Aimer, c'est vouloir s'identifier à la personne aimée. Et moi, je sais que je ne T'approcherai jamais d'aussi près que mon âme le désire – oh, ce désir fabuleux que Tu as déposé en moi, ce poison violent dont la douceur m'émerveille. » (<u>Il fait Dieu</u>, pp. 27-28)

En écrivant ces lignes, je pense à un de mes amis d'enfance que j'ai revu après vingt ans d'éloignement. Cet homme est maintenant professeur d'université et athée. Lors d'une conversation avec lui, je lui disais que s'il devenait croyant, cela changerait des choses dans sa vie. Il m'a alors répondu : *« Oh, je sais très bien que cela changerait des choses dans ma vie !. »* Cette réponse d'une personne athée donne à réfléchir. Je pense de plus en plus que l'athéisme peut souvent être une drogue, une sécurité face à la vie et à ses exigences véritables. Peut-être que consciemment ou inconsciemment les athées savent au fond d'eux-mêmes que croire en Dieu mène inévitablement à la souffrance et au don de soi. Or comment pourrait-on désirer un chemin qui mène à la souffrance si on ignore que la souffrance est souvent sinon toujours un chemin de vie?

Si quelqu'un parmi vous désirait connaître un peu plus ce qui s'est passé un certain 8 septembre dans la vie de Didier Decoin, vous pouvez aller sur Google et vous rendre au lien suivant : Le Monde des Religions n°19 - DIDIER DECOIN. "LA PRESENCE .

42) Samedi 21 juillet 2012
Dieu sur le réfrigérateur

Chers amis, nous essayons tous de nous représenter Dieu. Les « **images** » que nous nous faisons de Dieu feront en sorte que nous l'aimerons davantage ou le détesteront davantage. Mais elles sont très rares les personnes qui détestent Dieu. Ce que les gens détestent, ce sont les images qu'elles se font de Dieu. Et lorsque les images de Dieu que l'on a dans notre esprit sont négatives, nous avons tendance à nier Dieu; à nier l'existence de Dieu. Ce qui est bien, je pense. Car on ne peut pas et on ne devrait pas vivre avec des images négatives de Dieu. Mieux vaudrait peut-être, dans ce cas, selon moi, nier que Dieu existe. Cela prend toute une vie d'homme ou de femme pour purifier en nous l'image que nous nous faisons de Dieu. J'ai été éduqué d'une manière janséniste, c'est-à-dire que j'ai eu une éducation qui m'a présenté Dieu comme étant un juge sévère. Du moins c'est l'image que j'ai reçue, étant enfant, de la part de mes éducateurs. Peut-être est-ce moi qui n'ai pas bien compris le message qu'on voulait me transmettre. Mais peu importe. Je sais que la peur de Dieu a été longtemps inscrite en moi. Et je pense qu'il y a encore en moi quelque résidu de cette peur de Dieu. J'espère me débarrasser de toute peur de Dieu avant de mourir. Saint Jean ne dit-il pas que « *l'amour parfait chasse la crainte (crainte dans le sens de peur)* » ?

1Jn 4:18- Il n'y a pas de crainte dans l'amour ; au contraire, le parfait amour bannit la crainte, car la crainte implique un châtiment, et celui qui craint n'est point parvenu à la perfection de l'amour.

Une petite histoire du Père Jésuite Anthony De Mello m'a fait beaucoup de bien en ce sens. L'histoire a pour nom : *Dieu et les biscuits*. Je vais la raconter en mes mots et la développer un peu car l'histoire originale est très courte.
Une femme nommée Jeanne avait un petit garçon nommé Oscar. Jeanne venait à peine de faire des biscuits. Les biscuits étaient encore tout chauds et étaient déposés sur la table de la cuisine. Pendant que Jeanne s'absente quelques instants de la cuisine, Oscar passe par la cuisine, voit les biscuits et en prend deux. La mère de retour dans la cuisine, voit que deux biscuits ont disparu et devine ce qui s'est passé. Elle fait venir Oscar devant elle et lui fait subir un interrogatoire en règle : « Oscar, savais-tu que Dieu était présent dans la cuisine quand tu as volé ces biscuits? » (je sais que le verbe « voler » est pas mal fort dans le cas présent, mais madame était très fâchée). *Oscar répond : « Oui ! » La mère : « Et savais-tu que Dieu te regardait tout le temps? » Oscar répond : « Oui ! » Et la mère de demander à l'enfant : « Et qu'est-ce que tu penses que Dieu te disait? » Oscar répond : « Dieu m'a dit : « Y'a personne ici à part nous deux, prends-en deux! »*

Cette petite histoire est tout simplement magnifique et très riche d'enseignement. On voit nettement que la mère et l'enfant n'ont pas du tout la même image de Dieu. La mère a de Dieu l'image d'un guetteur, d'un surveillant. C'est l'image que j'ai reçu de Dieu étant enfant : *Dieu te guette*. Ici à Montréal, dans une société bilingue, on dirait : Dieu te « *watch* ». D'ailleurs je me souviens très bien de l'œil de Dieu qui était reproduit dans notre livre d'enseignement religieux quand j'étais tout petit et je me souviens surtout de l'interprétation que je donnais à cet œil qui me regardait tout le temps. Oscar quant à lui, avait l'idée d'un Dieu qui veut notre bien, qui veut notre bonheur. Les biscuits qui sortaient du four ne pouvaient être meilleurs qu'à ce moment là. Il était donc tout à fait normal que Dieu inspire au petit Oscar d'en manger sur le champ. Voilà deux personnes guidées par leur image de Dieu.

L'abbé Jacques Leclercq a dit un jour cette phrase merveilleuse : « *Dieu ne nous surveille pas; Dieu veille sur nous.* » Comme cette phrase est magnifique ! **Sur**veiller ou veiller **sur** ; « *Watcher* » ou « *prendre soin de* ». La Parole de Dieu a pour but de nous aider à purifier nos images de Dieu. Certains textes de la Bible sont merveilleux pour cela. Un des plus beaux textes en ce sens se trouve dans le livre du prophète Osée. Nous avons lu ce texte tout dernièrement à la messe sur semaine :

« *Parole du Seigneur : J'ai aimé Israël dès son enfance. C'est moi qui lui apprenais à marcher, en le soutenant de mes bras, et il n'a pas compris que je venais à son secours. ... Je le guidais avec humanité, par des liens de tendresse ; je le traitais comme un nourrisson qu'on soulève tout contre sa joue; je me penchais vers lui pour le faire manger. Mais ils ont refusé de revenir à moi. Vais-je les livrer au châtiment? Non ! Mon cœur se retourne contre moi et toutes mes entrailles frémissent. Je n'agirai pas selon l'ardeur de ma colère, je ne détruirai plus Israël, car je suis Dieu, et non pas homme : au milieu de vous je suis le Dieu saint, et je ne viens pas pour exterminer.* » (Os 11, 1.4.8c-9)

Quelles belles images de Dieu, n'est-ce pas? À l'homélie ce jour-là, j'ai dit à mes paroissiens et paroissiennes que ce texte de la Bible était un de mes préférés. J'ai même suggéré aux personnes qui étaient présentes à l'eucharistie, de mettre ce passage de la Bible sur leur réfrigérateur, pour qu'ils l'aient souvent devant les yeux. Car on ouvre le réfrigérateur au moins trois fois par jour. De retour chez moi, j'ai fait cela. J'ai mis ce passage de la Bible sur notre réfrigérateur. Johanne, notre cuisinière, a trouvé ce passage de la Bible tellement beau qu'elle m'a demandé la permission de l'enlever et de le garder pour elle, afin de le mettre bien en vue dans son livre de recettes. Je lui ai dit que je n'avais aucune objection à cela; bien au contraire. Je lui ai dit que je découperais un autre morceau de papier avec la dite citation et que je le mettrais à nouveau sur le réfrigérateur.

43) Mardi 24 juillet 2012
« Venez à l'écart et reposez-vous un peu. » (Jésus)

L'évangile de dimanche dernier (*16ème dimanche du temps ordinaire, année B*) tombait pile, en ce temps où plusieurs personnes sont en vacance. Dimanche dernier, Jésus avait envoyé les Apôtres en mission pour la première fois de leur vie, leur recommandant de faire les mêmes œuvres que Lui : chasser les démons, guérir les malades, etc. Aujourd'hui, dans l'évangile, nous voyons les apôtres revenir auprès de Jésus et lui raconter tout ce qu'ils avaient fait. Il semble bien que les apôtres étaient très fiers d'eux et qu'ils en avaient long à raconter. Il semble que tout avait bien fonctionné. Les miracles opérés par la main et la parole des apôtres semblent avoir été très nombreux. Devant tant d'excitation et de fierté, Jésus ne trouve rien à dire de mieux que de les inviter à se reposer un peu. J'imagine que les apôtres auraient préféré un nouvel envoi en mission.

Mc 6:30- Les apôtres se réunissent auprès de Jésus, et ils lui rapportèrent tout ce qu'ils avaient fait et tout ce qu'ils avaient enseigné.
Mc 6:31- Et il leur dit : " **Venez vous-mêmes à l'écart, dans un lieu désert, et reposez-vous un peu.** " De fait, les arrivants et les partants étaient si nombreux que les apôtres n'avaient pas même le temps de manger.

Cette parole de Jésus invitant au repos est tout à fait appropriée alors que plusieurs personnes sont ou seront en vacance cet été. Elle mérite aussi à ce qu'on la médite sérieusement en cette ère de la performance à tout prix. L'homme et la femme moderne ont tendance à s'évaluer et évaluer les autres selon leur degré de performance, selon la qualité ou la quantité de leur agir. Quelle erreur ! La Parole de Dieu nous invite à mettre notre fierté et notre éblouissement ailleurs. Dans un autre passage des évangiles, alors que les disciples, de retour de mission, se vantent auprès de Jésus de leurs exploits, celui-ci leur donne une autre parole de sagesse, histoire de mettre les choses dans leur juste perspective : « *Les soixante-douze revinrent tout joyeux, disant : « Seigneur, même les démons nous sont soumis en ton nom ! » Il leur dit : « Je voyais Satan tomber du ciel comme l'éclair ! Voici que je vous ai donné le pouvoir de fouler aux pieds serpents, scorpions, et toute la puissance de l'Ennemi, et rien ne pourra vous nuire.* **Cependant ne vous réjouissez pas de ce que les esprits vous sont soumis ; mais réjouissez-vous de ce que vos noms se trouvent inscrits dans les cieux.** » (Lc 10, 17-20) Je serais tenté de paraphraser cette dernière phrase de Jésus en disant : « *Réjouissez-vous du fait que vos noms sont inscrits dans le cœur de Dieu; réjouissez-vous du fait que vous êtes aimés de Dieu de toute éternité et que vous êtes appelés à vivre avec Lui, en sa compagnie, pour toute l'éternité.* »

La semaine dernière, un de mes anciens paroissiens est venu me visiter. Il m'a parlé du « directeur spirituel » (*je préfère pour ma part parler « d'accompagnateur spirituel »*) qu'il a eu durant plusieurs années. Ce directeur spirituel était un prêtre religieux, ce qui veut dire un prêtre qui appartenait à une Congrégation religieuse. D'après mon ancien paroissien, ce prêtre était un saint prêtre; ce dont je ne doute pas du tout. Cependant, je ne suis pas du tout d'accord avec un des indices de sainteté que mon cher ami attribuait à son « directeur spirituel ». À un certain moment, mon ami m'a dit : « *Le Père … a été prêtre durant 45 ans et il n'a jamais pris de vacances. Il a toujours été disponible au cas où quelqu'un aurait eu besoin de lui.* » J'ai écouté mon ami sans réagir; je n'ai pas voulu lui enlever ses illusions sur ce point. Mais cette phrase de mon ami ne m'a pas impressionné du tout; **ne m'a vraiment pas impressionné**. Je crois sincèrement que ce cher prêtre aurait dû prendre des vacances durant sa vie.

Je ne comprends pas comment certaines personnes peuvent faire fi du conseil de Jésus dans l'évangile d'aujourd'hui. Bien plus, je ne comprends pas comment on peut faire fi du commandement de Dieu sur le repos, sur le « *shabbat* ». Le mot hébreu « *shabbat* » signifie repos. En français, nous disons : *le sabbat*. Le sabbat désigne le septième jour. Dans le livre de la Genèse, il est dit que Dieu créa le monde en six jours et que le septième jour, **Il se reposa**. Or, quand Dieu a donné les dix paroles de vie à Moïse, que nous appelons malheureusement parfois les « *dix commandements* », Il a exprimé le désir que l'être humain imite son créateur en sanctifiant le jour du Seigneur, le jour du sabbat. Or comment sanctifier le jour du Seigneur ? En consacrant de temps à Dieu et en se reposant. Le repos est un commandement de Dieu, rien de moins. Et Dieu ne doit pas être très heureux de voir que certains de ses enfants ne prennent pas au sérieux ce commandement. Il y a quelque chose d'insidieux dans le fait de vouloir travailler tout le temps. Il y a quelque chose de très « *pharisien* » là-dedans. Le pape Benoît XVI, lors de l'Angelus du 20 août 2006, cite saint Bernard qui écrit à son ancien disciple à Clairvaux, le pape Eugène III. Voici un extrait de l'Angelus :

« *Il est nécessaire, observe le saint, de se préserver des dangers d'une activité excessive, quelles que soient la situation ou la charge que l'on occupe car - dit-il au Pape de l'époque et à tous les Papes, à nous tous - les nombreuses occupations conduisent souvent à la "dureté du coeur", elles ne font que "tourmenter l'esprit, épuiser le coeur et... faire perdre la grâce" (II, 3). Cette mise en garde vaut pour tout type d'occupations, y compris celles qui sont inhérentes au gouvernement de l'Eglise. La parole que Bernard adresse à ce propos au Souverain Pontife, son ancien disciple à Clairvaux, est provocatrice : "Voilà, écrit-il, où toutes ces maudites occupations qui vous absorbent ne peuvent manquer de vous conduire, si vous continuez... à vous y livrer tout entier, sans rien réserver pour vous-même.* » (Bernard de Clairvaux)

Saint Bernard indique clairement que l'activisme peut conduire à la **dureté du cœur**. La dureté du cœur, c'est ce que Jésus a reproché constamment aux pharisiens de son époque. Jésus a même inventé une magnifique parabole pour nous faire comprendre ça : *la parabole du pharisien et du publicain* que l'on retrouve en saint Luc 18, 9-14. Jésus nous dit clairement à qui s'adresse cette parabole : *à certaines personnes qui se flattent d'être des justes et qui n'ont que mépris pour les autres*. **Voilà la dureté du cœur**, selon Jésus. Le pharisien priait en lui-même et se félicitait de ne pas être comme les autres, et en particulier comme le publicain qui était en prière lui aussi dans le temple. Le pharisien ne se gênait pas pour rappeler à Dieu ses bonnes œuvres alors que le publicain, les yeux baissés, disait simplement à Dieu : « *prends pitié du pécheur que je suis* ». Jésus termine la parabole en disant que de retour chez eux, c'était le publicain qui était justifié.

Comme cette parabole est importante pour nous ! Thérèse de Lisieux, ma sainte préférée, a dit qu'elle arriverait au ciel « *les mains vides* ». Qu'est-ce que cela veut dire ? Voici mon interprétation : nous faisons tous et toutes du bien sur cette terre. J'en suis sûr. Mais le bien que nous faisons, c'est Dieu qui en est la source. C'est Dieu qui agit en nous et à travers nous, chaque fois que nous faisons du bien. Cela est évident pour toute personne qui se sait enfant de Dieu. Par contre, quand nous faisons le mal, ce n'est pas Dieu qui agit en nous. Dieu ne peut pas faire le mal et ne peut pas être à la source du mal. Le mal que nous aurons en nous à notre mort, sera vraiment notre mal, et ce sera la seule chose qui sera vraiment « nôtre ». Alors, nous pourrons, je l'espère, entrer au ciel en faisant la prière du publicain : « *Mon Dieu, prends pitié du pécheur que je suis.* »

En terminant, je vous invite à méditer les deux textes suivants. D'abord, un court texte de l'archevêque anglican sud-africain Desmond Tutu : « *Notre culture est une culture de la performance (de la réalisation), et nous emmenons cette attitude dans notre relation avec Dieu. Nous travaillons de façon frénétique pour impressionner tout le monde, y compris Dieu. ... **Nous devons croire que notre relation à Dieu, notre état devant Dieu, n'a rien à voir avec notre performance et nos travaux.*** » (la traduction est mienne; tiré de <u>God Has a Dream : A Vision of Hope for Our Times</u>, Image Doubleday, 2004, p. 32)

Ensuite, un texte du pape tiré du livre : Benoît XVI Joseph Ratzinger, <u>Touché par l'invisible</u>, Parole et Silence, 2008)

« N'importe quel type d'agitation quelle qu'elle soit, même religieuse, est très éloignée de l'image de l'homme qui se trouve dans le Nouveau Testament. Nous nous surestimons à chaque fois que nous croyons être complètement indispensables ou que le cours du monde ou de l'Église dépend de notre capacité à faire preuve d'une agitation débordante. C'est souvent un acte d'authentique humilité et d'honnêteté constructive de savoir nous arrêter, reconnaître nos limites, nous accorder un temps pour souffler et nous reposer conformément à ce qui a été prévu par Dieu pour l'homme.
Je ne voudrais pas me faire ici le défenseur de la paresse mais réviser un tant soit peu le catalogue des vertus tel qu'il a fini par s'imposer dans le monde occidental où seuls comptent l'action et le travail. La contemplation, l'étonnement, le recueillement, le silence y sont devenus des postures indéfendables ou tout au moins nous nous sentons obligés de les justifier. C'est ainsi que périssent des aspects essentiels du potentiel humain.

Nos activités de loisirs en sont la meilleure illustration. Il ne s'agit souvent que d'un changement de lieu et beaucoup ne se sentiraient pas très bien s'ils étaient privés de la fréquentation des masses et des activités qu'ils voulaient pourtant fuir. Alors qu'il nous serait si indispensable, nous qui vivons dans un monde d'artifices, de nous extraire de tout cela et de chercher la rencontre avec la dimension authentique de la Création. ... Redisons-le: dans un monde d'artifices, Dieu ne se manifeste pas. Il nous est donc d'autant plus indispensable de nous extraire de nos activités, de chercher le souffle de la création afin de pouvoir le rencontrer et de pouvoir nous trouver. »

44) Dimanche le 16 septembre 2012
La souffrance a-t-elle de la valeur ?

Chers amis, nous vivons trois jours très importants pour nous les chrétiens. Trois jours de suite. Vendredi, nous fêtions la Croix glorieuse. À chaque année, le 14 septembre, c'est la fête de la croix glorieuse. Si nous sommes chrétiens, nous savons que la croix est glorieuse, que la croix est pleine de gloire. Saint Jean ne cesse de dire cela. Quand saint Jean parle de la gloire de Jésus, de sa glorification, il parle de sa mort sur la croix. Mais pour quelqu'un qui n'est pas chrétien, il est impossible, je pense, de croire et encore moins de comprendre que croix rime avec gloire. D'ailleurs, si une personne qui ne connaît rien à notre religion entrait par hasard un Vendredi Saint dans une église catholique et voyait les gens avancer un par un pour embrasser la croix, elle serait stupéfaite pour ne pas dire horrifiée. Cette personne se demanderait comment des gens normaux peuvent ainsi embrasser un tel instrument de supplice. Mais nous, nous savons que la **Croix est glorieuse**, que dans la croix, il y a plein de vie, selon une expression très connue d'un de nos poètes-chansonniers québécois: Félix Leclerc. Ce poète a écrit un jour: *« C'est grand la mort, c'est plein de vie dedans. »* Vendredi donc, c'était *La Croix Glorieuse*; hier, le quinze septembre, l'Église célébrait la mémoire de Notre-Dame-des-Douleurs. Nous nous sommes souvenus que Marie était présente au pied de la croix, partageant l'immense souffrance de son Fils et communiant à ses douleurs. La croix, Marie l'a vécue elle aussi. Et aujourd'hui, en ce vingt-quatrième dimanche du temps ordinaire, Jésus nous dit de façon claire et solennelle, que nous devons nous aussi, chacun de nous, porter notre croix: *« Si quelqu'un veut marcher derrière moi, qu'il renonce à lui-même, qu'il prenne sa croix et qu'il me suive. »* (Mt 16, 24)

Le message de ces trois jours consécutifs est clair : pas de vie chrétienne sans croix. Et cela, c'est dur à avaler, même pour nous les chrétiens. Mais encore plus pour les gens qui ne sont pas chrétiens. Ici, à Montréal, nous vivons dans une société non chrétienne. Il faut avoir le courage de se le dire et de le croire. Je sais très bien que la grande majorité des gens qui vivent à Montréal sont baptisés, mais de plus en plus de gens ne croient plus à la religion de leur baptême. Ils ont abandonné leurs croyances chrétiennes pour plusieurs raisons. Une de ces raisons, selon moi, est la suivante : on ne veut plus d'une religion du sacrifice. Lorsque j'écoute la radio ou la télévision, j'entends souvent des personnes qui ne semblent plus chrétiennes et qui pourtant parlent avec assurance de la religion catholique. Ils pourfendent la religion catholique parce que selon eux, c'est une religion du sacrifice, une religion qui loue la souffrance, qui exalte la souffrance, qui encourage la souffrance. Selon eux, la religion catholique fait de la souffrance une valeur. Autrement dit : la religion chrétienne est une religion masochiste. Donc une religion qui va contre les intérêts réels de l'être humain, qui va contre le bien de l'homme et de la femme. Par conséquent, c'est une religion dont il faut se défaire et se distancier. Quand ces gens parlent de la mentalité judéo-chrétienne, c'est d'abord à cette façon pervertie de voir notre religion qu'ils font référence. Et malheur à vous si vous avez l'audace de dire que vous croyez en la bonté d'une telle religion.

Il y a un problème ici, c'est certain. Et le problème, il se situe au niveau de la foi. Dans l'évangile d'aujourd'hui, Jésus demande à ses meilleurs amis : « *Pour vous, qui suis-je ?* » Ce n'est qu'après que Pierre ait dit sa foi en Jésus que celui-ci, pour la première fois, a annoncé qu'il **fallait** qu'il souffre beaucoup. Pierre a essayé de l'en dissuader et il s'est fait « *ramasser* » comme on dit ici au Québec: "*Passe derrière moi, Satan! Tes pensées ne sont pas celles de Dieu, mais celles des hommes* ". Il y a une souffrance qui fait partie du plan de Dieu, du plan de Dieu après la chute, après le péché de nos premiers parents. Si nous les chrétiens, nous croyons que la souffrance a de la valeur, ce n'est pas parce que nous croyons que la souffrance est bonne en elle-même (*ça, c'est du masochisme*); c'est que nous croyons que la souffrance a une valeur rédemptrice, une valeur de salut. Ici les mots sont importants; la souffrance n'est pas une valeur mais la souffrance peut avoir de la valeur si on la vie chrétiennement, par amour, avec Jésus, pour le salut du monde. Saint Paul nous dit souvent qu'il est heureux de souffrir pour le salut de ses frères et sœurs. Dans sa lettre aux Colossiens, il écrit : « *En ce moment je trouve ma joie dans les souffrances que j'endure pour vous, et je complète en ma chair ce qui manque aux épreuves du Christ pour son Corps, qui est l'Église.* » (Col 1, 24) Il faut bien sûr la foi pour croire que nos souffrances unies à celles de Jésus et sanctifiées par Lui, produisent du fruit pour le salut de monde. On ne peut pas demander à tous de comprendre cela et même de croire cela. Acceptons ce fait et souffrons en aimant. Tout est là : *saurons-nous souffrir en aimant?* Voilà la véritable question pour nous les croyants.

45) Mercredi 3 octobre 2012
Nous sommes prêtres, prophètes et rois

Le pape saint Léon Le Grand, décédé en 461, a dit un jour cette phrase merveilleuse : « **Chrétien, reconnaît ta dignité** ». Ce pape a bien raison de nous inviter à réfléchir et à méditer sur l'immense faveur que notre Dieu nous a faits en nous appelant au baptême. Le jour de notre baptême, nous sommes devenus « *prêtres, prophètes et rois* ». J'ai déjà abordé ce thème en parlant du baptême sur mon blogue, dans le long texte intitulé : « *Le prêtre et les sacrements* », en date du 22 juin 2011. Mais je désire aujourd'hui ajouter quelques éléments de réflexion.

Nous sommes tous d'accord, je pense, pour admettre la supériorité de l'être sur l'avoir. Être quelqu'un est beaucoup plus important que d'avoir quelque chose. Mais même si nous sommes tous d'accord sur ce point, nous n'en tirons pas toujours les conséquences. À toutes les fois que je commence une phrase en disant : « *Je suis* », je dis quelque chose de très important sur moi-même. Lorsque je rencontre un jeune, je lui demande souvent ce qu'il est. Parfois on me répond : « *Je suis étudiant* ». Je lui demande alors : « *Est-ce que tu étudies?* » Voilà la question essentielle à demander à un étudiant. Un étudiant est fait pour étudier, un étudiant se doit d'étudier. Cela devrait aller de soi, non? Et lorsqu'il m'arrive de recevoir des adultes au sacrement de la réconciliation, je suis abasourdi lorsque, à la fin de la confession, je ne sais même pas si cette personne est mariée ou non, célibataire ou non. Si j'étais marié, je suis sûr que ma confession porterait d'abord sur mon état matrimonial et les manquements que j'accuserais auraient d'abord comme objet ou sujet ma relation avec mon épouse et mes enfants. Or, chers amis, si nous sommes baptisés, vous et moi, nous **sommes** chrétiens. Je dis souvent aux gens, surtout aux jeunes adultes, que ma plus grande fierté, c'est d'**être** chrétien. Or si je **suis** chrétien, je **suis** prêtre, je **suis** prophète et je **suis** roi. Notre Dieu a mis des siècles et des siècles à se révéler. Une des plus belles révélations de Dieu, c'est Moïse qui l'a reçue. Quand Moïse a demandé à Dieu de révéler son nom, il a eu comme réponse de la part de Dieu : « *Je suis celui qui suis* » (parfois on traduit : « *Je suis celui qui est* ») :

Ex 3:14 Dieu dit à Moïse : " Je suis celui qui est. " Et il dit : " Voici ce que tu
- diras aux Israélites : "*Je suis*" m'a envoyé vers vous. "

Jésus a souvent repris à son propre compte, surtout dans l'évangile de Jean, cette façon qu'a Dieu de se nommer. Dans une des nombreuses polémiques impliquant Jésus et les juifs dans l'évangile de Jean, Jésus déclara : " *En vérité, en vérité, je vous le dis, avant qu'Abraham existât, Je Suis.* " (Jn 8, 58) Comme enfants de Dieu, nous devons faire très attention à ce que nous sommes. Or nous sommes prophètes, prêtres et rois.

Prophètes: Nous sommes prophètes. Dimanche dernier, dans la première lecture de la messe, nous entendions Moïse exprimer un désir qui lui semblait quasiment être une utopie. Moïse déclarait que ce serait tellement une belle chose si tous les membres du peuple de Dieu étaient des prophètes. Or ce désir, qui semblait alors une utopie, s'est réalisé avec la venue de Jésus. Désormais, tout membre du peuple de Dieu, tout baptisé, est prophète. Le prophète dans la Bible, n'est pas d'abord celui qui prophétise l'avenir. Le prophète dans la Bible est celui qui est nourri de la Parole de Dieu (*et donc de la pensée de Dieu*) et qui n'a pas peur de la proclamer. Si un jour votre fille de onze ans se voit offrir de la drogue à l'école et qu'elle affirme clairement et énergiquement qu'elle n'est pas d'accord avec ça, elle jouera son rôle de prophète. Pour être prophète, il faut se nourrir de la Parole de Dieu. C'est ce que Dieu, à deux reprises dans la Bible, a voulu nous faire comprendre. Au prophète Ézéchiel (Ez 3, 1-4) et à saint Jean dans l'Apocalypse (Ap 10, 8-11), une voix venue du ciel a demandé à ces deux hommes de Dieu de prendre un livre et de le manger; littéralement de le manger, de s'en nourrir. Ce n'est que lorsqu'une personne se sera nourrie de la Parole de Dieu et qu'elle l'aura faite sienne, qu'elle pourra se dire prophète et l'être vraiment. Nous, les catholiques, nous avons tellement à apprendre sur ce point, de nos frères et sœurs protestants qui, très tôt dans leur vie, se nourrissent de la Parole de Dieu.
En cette année de la foi qui commencera bientôt, mes paroissiens seront invités à se nourrir davantage de la parole de Dieu grâce au magnifique projet appelé : *L'Aventure de l'Évangile*. Je me propose de vous parler de ce projet dans un prochain article. Il est important de se rappeler que dans le *Notre Père*, Jésus nous invite à demander le pain de chaque jour. Il nous est facile désormais de savoir que Jésus avait

alors à l'esprit : d'abord le **Pain de vie**, l'eucharistie; deuxièmement : la **Parole de Dieu** *(« L'homme ne vit pas seulement de pain, mais de toute parole qui sort de la bouche de Dieu »* Mt 4, 4); et troisièmement, la nourriture nécessaire à notre corps pour qu'il puisse survivre et fonctionner.

Prêtres: Nous sommes prêtres par le baptême. Toute personne baptisée est prêtre. Et pourtant, combien de baptisés ne savent pas cela. C'est pourtant une des réalités les plus belles sur lesquelles ont insisté les Pères conciliaires lors du concile Vatican II, il y a de cela cinquante ans. Les Pères du concile ont voulu mettre de l'avant de façon très solennelle « *le sacerdoce commun des fidèles* ». Tout fidèle baptisé est prêtre car il a revêtu le Christ, le jour de son baptême. Pour comprendre ce qu'est un prêtre, il n'y a pas de meilleur moyen que de relire la *Lettre aux Hébreux*, dans la Bible. La *Lettre aux Hébreux* a comme thème principal le sacerdoce (*la prêtrise*). Ce livre du Nouveau Testament décrit ainsi le prêtre : « *Tout grand prêtre, en effet, pris d'entre les hommes, est établi pour intervenir en faveur des hommes dans leurs relations avec Dieu, afin d'offrir dons et sacrifices pour les péchés.* » (Heb 5, 1) Le prêtre a pour mission *d'intervenir en faveur des hommes dans leurs relations avec Dieu*. Le prêtre est donc un médiateur entre Dieu et les hommes. Ce rôle et cette mission sont souvent mis en œuvre par la prière. À chaque fois qu'une personne baptisée prie pour une autre personne, elle exerce son rôle de prêtre.

Mais le rôle le plus grand et le plus important du prêtre est *d'offrir des dons et des sacrifices pour les péchés*. Offrir quels sacrifices? D'abord et avant tout le sacrifice de Jésus notre Seigneur. Il n'y a pas de meilleur endroit pour exercer le sacerdoce commun des fidèles que de participer à l'eucharistie, mémorial de la mort et de la résurrection de Jésus. Il fut un temps où les gens semblaient penser qu'à la messe, c'était uniquement le prêtre qui offrait le sacrifice par excellence : le sacrifice de Jésus sur la croix. Comme c'est malheureux d'avoir pensé cela aussi longtemps! Or ceux qui offrent le sacrifice de la messe, ce sont tous les fidèles qui participent à l'eucharistie. Il est malheureux qu'en français, au moment de l'offertoire, le prêtre n'utilise pas les mêmes mots que ceux employés en langue italienne ou désormais en langue anglaise. Car le nouveau rituel en usage dans le monde anglophone depuis quelques mois, reprend la même traduction que l'italien. En français, le prêtre qui préside l'eucharistie, introduit la prière d'offertoire en disant : « *Prions ensemble au moment d'offrir le sacrifice de toute l'Église.* ». Mais le texte en italien ou en anglais est beaucoup plus spécifique et fort : « *Priez mes frères pour que* **mon** *sacrifice et* **votre** *sacrifice soit agréable à Dieu le Père tout puissant.* »

Comme prêtres, tous les fidèles sont donc invités à offrir au Père le sacrifice de Jésus, pour le salut du monde. Mais après le sacrifice de Jésus, le plus important pour le chrétien est d'offrir sa propre vie en sacrifice saint et agréable à Dieu. En ce sens, le début du chapitre 12 de la lettre de saint Paul aux Romains est tout simplement magnifique : « *Je vous exhorte donc, frères, par la miséricorde de Dieu, à offrir vos personnes en hostie vivante, sainte, agréable à Dieu : c'est là le culte spirituel que vous avez à rendre.* » (Rom 12, 1) Une autre belle traduction de ce texte dit ceci : « *Je vous exhorte, mes frères, par la tendresse de Dieu, à lui offrir votre personne et votre vie en sacrifice saint, capable de plaire à Dieu : c'est là pour vous l'adoration véritable »* (Rom 12, 1) Donc, à toutes les fois que je fais un renoncement par amour de Dieu et du prochain, que j'offre à Dieu un sacrifice qui m'engage personnellement, qui implique ma vie, j'exerce mon rôle de prêtre.

Rois : Par le baptême, nous sommes rois. Il n'est pas facile, à première vue, de comprendre en quoi consiste cette royauté. Un passage de l'évangile qui a été proclamé en Église dimanche dernier peut nous conduire à une réponse :

« *Et si ta main est pour toi une occasion de péché, coupe-la : mieux vaut pour toi entrer manchot dans la Vie que de t'en aller avec tes deux mains dans la géhenne, dans le feu qui ne s'éteint pas. Et si ton pied est pour toi une occasion de péché, coupe-le : mieux vaut pour toi entrer estropié dans la Vie que d'être jeté avec tes deux pieds dans la géhenne. Et si ton œil est pour toi une occasion de péché, arrache-le : mieux vaut pour toi entrer borgne dans le Royaume de Dieu que d'être jeté avec tes deux yeux dans la géhenne où leur ver ne meurt point et où le feu ne s'éteint point.* »
(Mc 9, 43-48)

En quoi ce passage où Jésus n'y va pas de main morte, peut-il nous faire comprendre en quel sens nous sommes rois? Un roi est quelqu'un qui gouverne. Un chrétien doit être capable de gouverner sa vie et non pas se laisser gouverner par ses passions, par son égoïsme et ses conditionnements de toute sorte. C'est cela, à mes yeux, être roi par le baptême. Si quelqu'un me tend une « *enveloppe brune* », un pot-de-vin, pour m'acheter ou m'influencer et que je suis tenté de tendre la main pour accepter le cadeau empoisonné, que Jésus me redise : « *Coupe ta main; il vaut mieux pour toi entrer manchot dans le royaume de Dieu, que d'aller avec tes deux mains dans la géhenne* ». Si j'ai les yeux sur l'épouse d'un de mes confrères de travail ou si je suis tenté de regarder de la pornographie, que Jésus me dise : « *Arrache ton œil; il vaut mieux pour toi entrer borgne dans le royaume des cieux, que d'être jeté avec tes deux yeux dans la géhenne* ». C'est cela pour moi être roi, c'est cela régner sur ma vie. Et cette façon de régner sur sa vie est le seul moyen d'être libre, est la seule façon de conquérir la liberté que Jésus est venu nous apporter et qu'Il nous a méritée par sa mort et sa résurrection : « *Si le Fils vous libère, vous serez réellement libres* ». (Jn 8, 36).

Nelson Mandela a dit que ce qui lui a permis de garder courage et de rester libre intérieurement alors qu'il a été incarcéré pendant vingt-sept ans, dont dix-huit ans dans une minuscule cellule, c'est le poème de William Ernest Henley intitulé : *Invictus* (Invaincu). La dernière strophe de ce poème dit ceci :

Aussi étroit soit le chemin,
Nombreux les châtiments infâmes,
Je suis le maître de mon destin,
Je suis le capitaine de mon âme.

Voilà, à mes yeux, exprimé de façon poétique, ce que signifie être roi pour un chrétien et une chrétienne. Si on suit une telle interprétation, nous pouvons en quelque sorte dire que le fait d'être prêtre, a Dieu pour but ultime; le fait d'être prophète a pour but le prochain; et le fait d'être roi a pour but notre sanctification personnelle.

46) Samedi 13 octobre 2012
« Jésus fixa son regard sur lui et l'aima. » (Mc 10, 21)

Dites-moi bien franchement, auriez-vous aimé croiser le regard de Jésus, ne serait-ce qu'une seule fois? Il y a un chant qui m'impressionne beaucoup et qui dit ceci: « *O ce regard, je ne l'oublierai jamais* ». Or une des plus belles façons de vivre notre vie chrétienne, c'est de la vivre sous le regard de Jésus. Il y a environ deux ans, j'ai écrit mon testament spirituel. Un testament spirituel consiste en un message que nous aimerions laisser avant de quitter cette terre, aux personnes qui nous sont chères et même aux personnes qui nous sont inconnues. Mon testament spirituel s'intitule : « *Les Yeux de l'Amour* ». Dans ce testament, je commence par dire qu'il y a un passage de l'évangile qui me touche particulièrement et que si j'étais peintre, c'est cet épisode que j'aimerais peindre : il s'agit du regard que Jésus a posé sur Pierre après que celui-ci eut renié son Maître à trois reprises. Seul l'évangéliste Luc, l'évangéliste de la Miséricorde, nous rapporte ce fait :

« **Mais Pierre dit : « Homme, je ne sais pas ce que tu dis. » Et à l'instant même, comme il parlait encore, un coq chanta, et le Seigneur, se retournant, fixa son regard sur Pierre. Et Pierre se ressouvint de la parole du Seigneur, qui lui avait dit : « Avant que le coq ait chanté aujourd'hui, tu m'auras renié trois fois ». Et, sortant dehors, il pleura amèrement. »** (Lc 22, 59-62)

Qu'y avait-il dans ce regard? Que de l'amour! L'évangile d'aujourd'hui nous présente un autre regard bouleversant de Jésus; un de ces regards qui ne peuvent être oubliés. Il y est question d'un jeune homme (*ce sont les évangiles synoptiques qui nous révèlent que cet homme était jeune*) qui s'approche de Jésus, se jette à ses pieds et lui pose la question la plus importante qui soit : « *Bon Maître, que dois-je faire pour avoir en héritage la vie éternelle?* » Un dialogue s'engage alors entre Jésus et le jeune homme. À un moment donné, l'évangéliste nous dit : « ***Jésus posa son regard sur lui et l'aima*** » (Mc 10, 21) Seul l'évangile de Marc, que l'on proclame aujourd'hui en Église, nous donne ce détail d'une très grande importance. Oh! Comme j'aurais aimé être ce jeune homme ! Et pourtant, nous sommes tous ce jeune homme. À chaque instant de nos vies, Jésus nous regarde avec amour. Tout ce qu'il faut faire, c'est en prendre conscience et le croire. Le 31 mars 1985, le pape Jean-Paul II, à l'occasion de l'année internationale de la jeunesse, a écrit une lettre apostolique à tous les jeunes du monde. Pour communiquer son message aux jeunes, le pape s'est servi du passage de l'évangile que l'on proclame aujourd'hui dans l'Église entière : la rencontre du jeune homme riche avec Jésus. Comme c'est brillant n'est-ce pas? Pour communiquer son message aux jeunes du monde entier, le pape choisit dans les évangiles un passage où Jésus rencontre un jeune homme. Au numéro 7 de cette lettre, le pape commente la magnifique phrase de l'évangile de saint Marc : « *Jésus fixa sur lui son regard, et l'aima.* » Voici quelques extraits de cette lettre :

« Je vous souhaite de connaître l'expérience de ce que dit l'Évangile: " Jésus fixa sur lui son regard et l'aima ". Je vous souhaite de connaître un tel regard! Je vous souhaite de faire l'expérience qu'en vérité, lui, le Christ, vous regarde avec amour! ... Je souhaite à chacun et à chacune de vous de découvrir ce regard du Christ, et d'en faire l'expérience jusqu'au bout. Je ne sais à quel moment de votre vie. Je pense que cela se produira au moment le plus nécessaire: peut-être au temps de la souffrance, peut-être à l'occasion du témoignage d'une conscience pure, comme dans le cas de ce jeune homme de l'Évangile, ou peut-être justement dans une situation opposée, quand s'impose le sens de la faute, le remords de la conscience: le Christ regarda Pierre à l'heure de sa chute, après qu'il eût renié son Maître par trois fois.
Il est nécessaire à l'homme, ce regard aimant: il lui est nécessaire de se savoir aimé, aimé éternellement et choisi de toute éternité. En même temps, cet amour éternel manifesté par l'élection divine accompagne l'homme au long de sa vie comme le regard d'amour du Christ. Et peut-être surtout au temps de l'épreuve, de l'humiliation, de la persécution, de l'échec, alors que notre humanité est comme abolie aux yeux des hommes, outragée et opprimée: savoir alors que le Père nous a toujours aimés en son Fils, que le Christ aime chacun en tout temps, cela devient un solide point d'appui pour toute notre existence humaine. Quand tout nous conduit à douter de nous-mêmes et du sens de notre vie, ce regard du Christ, c'est-à-dire la prise de conscience de l'amour qui est en lui et qui s'est montré plus puissant que tout mal et que toute destruction, cette prise de conscience nous permet de survivre.
Je vous souhaite donc de faire la même expérience que le jeune homme de l'Evangile: «Jésus fixa sur lui son regard et l'aima». (Jean-Paul II, *Lettre apostolique à tous les jeunes du monde,* le 31 mars 1985)

Il y a deux mille ans, le regard de Jésus, aussi bouleversant qu'il puisse avoir été, n'a pas été suffisant pour convaincre le jeune homme de quitter ses grands biens, ses nombreuses possessions et se mettre à la suite de Jésus. L'évangéliste nous dit que le jeune homme repartit chez lui tout triste, parce qu'il avait de grands biens.
Mon frère Luc est prêtre séculier dans le diocèse de Québec; il est aussi écrivain. Le livre que je préfère de mon frère s'intitule : « *Choral pour un cœur nouveau* ». Dans ce livre, mon frère écrit des lettres à des contemporains de Jésus, à des personnes qui ont rencontré Notre Seigneur durant leur vie. Il écrit une lettre à la Samaritaine, au bon larron, à l'apôtre Pierre, ... et aussi au jeune homme riche. Voici comment mon frère termine sa lettre au jeune homme riche : « *Mais un regard m'obsède. Celui du Maître. Mon cœur, mon imagination et mes sens me permettent de deviner ce regard. Mais toi, tu as vu ce regard. Et tu Le vois encore tant Il fut présent et envahissant. Dis-moi que ce regard viendra à bout de toutes mes résistances. Dis-moi que ce*

regard un jour me rendra assez fou pour me déposséder de tout. Alors, comme toi, je ne voudrai vivre que de ce Regard ! » (Luc Simard, *Choral pour un coeur nouveau*, pp. 59-60) C'est la grâce que je vous souhaite, chers amis.

Dans le même ordre d'idée, je vous encourage à aller visionner mon testament spirituel intitulé : « *Les Yeux de l'Amour* ». Ce testament spirituel a été mis sous forme de vidéo sur *You Tube*, par mon bon ami Mathieu Binette. Pour le visionner et l'entendre, vous n'avez qu'à aller sur le moteur de recherche *Google*, et écrire les mots suivants: *Guy Simard Les Yeux de l'Amour*. Le premier lien indiqué devrait être le bon. Cliquez sur le visage de Jésus qui sera devant vos yeux. Bon visionnement!

Table des Matières

1) Dimanche 12 juin 2011- Merci Mathieu !..1
2) Samedi 18 juin 2011- Le désir le plus profond..1
3) Dimanche 19 juin 2011- La Très Sainte Trinité...5
4) Mercredi 22 juin 2011- Le prêtre et les sacrements...6
5) Dimanche 26 juin 2011- Solennité du Corps et du Sang de Jésus..............................15
6) Lundi 15 août 2011- Le secret de la joie de Marie...16
7) Lundi 22 août 2011- Sens ou non-sens :..18
8) Mercredi 24 août 2011- La véracité des évangiles...20
9) Lundi 5 septembre 2011- La joie chrétienne :...21
10) Dimanche 11 septembre 2011- La religion du pardon..24
11) Samedi 17 septembre 2011- La leçon du lépreux..26
12) Jeudi 22 septembre 2011- Montrer Jésus...27
13) Lundi 26 septembre 2011- Notre Dame de l'Équilibre..30
14) Dimanche 16 octobre 2011- Guéri par le Frère André :..32
15) Mardi 1er novembre 2011- 1er novembre: la Toussaint..36
16) Dimanche 20 novembre 2011- Solennité de Jésus Christ, Roi de l'univers :..........37
17) Mardi 22 novembre 2011- Disciple...39
18) Dimanche 4 décembre 2011- L'Immaculée :...40
19) Samedi 17 décembre 2011- La fourmi et l'éléphant :..45
20) Dimanche 25 décembre 2011- Noël 2011...46
21) Dimanche 1er janvier 2012- 1er janvier: Sainte Marie, Mère de Dieu....................48
22) Dimanche 8 janvier 2012- Épiphanie 2012..50
23) Mercredi 11 janvier 2012- Le chapelet 101 (première partie).................................52
24) Vendredi 13 janvier 2012- Le chapelet 101 (suite)..53
25) Vendredi 13 janvier 2012- Le chapelet 101 (fin)...54
26) Dimanche 22 janvier 2012- Convertissez-vous !...55
27) Samedi 28 janvier 2012- Péchés et conversion de David..58
28) Mardi 7 février 2012- Le 11 février: journée mondiale des malades.......................61
29) Mardi 21 février 2012- Bon et joyeux carême !...63
30) Dimanche 26 février 2012- Premier dimanche du carême :....................................64
31) Vendredi 6 avril 2012- Les sept paroles de Jésus en croix......................................66
32) Jeudi le 10 mai 2012- Pourquoi fallait-il que Jésus meure pour nous ?..................73
33) Lundi 14 mai 2012- Felix culpa ! Heureuse faute !...75
34) Samedi 19 mai 2012- L'Ascension du Seigneur Jésus...76
35) Mardi 22 mai 2012- Le Saint Esprit..78
36) Dimanche 3 juin 2012- La Sainte Trinité et le mystère du mal:..............................79
37) Dimanche 17 juin 2012- À quoi pouvons-nous comparer le règne de Dieu ?.........83
38) Dimanche 1er juillet 2012- Jésus Christ..85
39) Vendredi 6 juillet 2012- Nouwen, Rembrandt et « Le Retour de l'enfant prodigue »...........87
40) Dimanche 8 juillet 2012- Réflexions sur la souffrance...91
41) Jeudi 19 juillet 2012- Didier Decoin : à contre-courant..93
42) Samedi 21 juillet 2012- Dieu sur le réfrigérateur..95
43) Mardi 24 juillet 2012- « Venez à l'écart et reposez-vous un peu. » (Jésus).............97
44) Dimanche le 16 septembre 2012- La souffrance a-t-elle de la valeur ?.................101
45) Mercredi 3 octobre 2012- Nous sommes prêtres, prophètes et rois......................102
46) Samedi 13 octobre 2012- « Jésus fixa son regard sur lui et l'aima. » (Mc 10, 21) 106

Oui, je veux morebooks!

i want morebooks!

Buy your books fast and straightforward online - at one of world's fastest growing online book stores! Environmentally sound due to Print-on-Demand technologies.

Buy your books online at
www.get-morebooks.com

Achetez vos livres en ligne, vite et bien, sur l'une des librairies en ligne les plus performantes au monde!
En protégeant nos ressources et notre environnement grâce à l'impression à la demande.

La librairie en ligne pour acheter plus vite
www.morebooks.fr

VDM Verlagsservicegesellschaft mbH
Heinrich-Böcking-Str. 6-8
D - 66121 Saarbrücken

Telefon: +49 681 3720 174
Telefax: +49 681 3720 1749

info@vdm-vsg.de
www.vdm-vsg.de

www.ingramcontent.com/pod-product-compliance
Lightning Source LLC
Chambersburg PA
CBHW031321150426
43191CB00005B/278